KB234887

Trend Education

Trend Education

트렌드 에듀케이션

박인연 지음

윈너스미디어

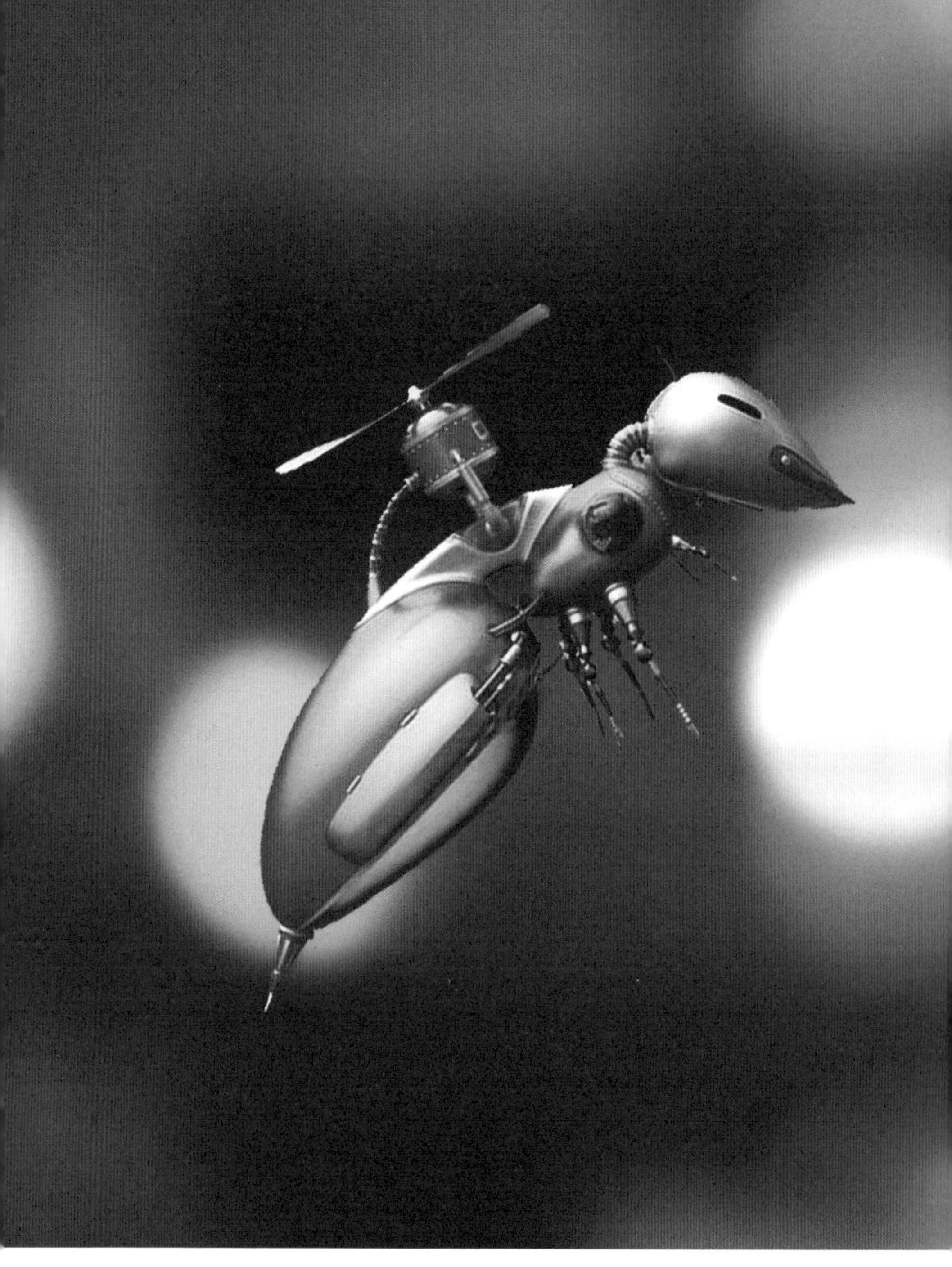

또 다른 시작은 모든 게 끝났다고 생각될 때 펼쳐진다.
– 루이스 라모르(Louis L'Amour), 미국 소설가

'왜 공부하는가'를 아는 것이
'공부'의 핵심이다

김재규 _ 경찰학 박사, 김재규교육그룹 회장

김재규 경찰학원의 매년 입소자 수는 수천 명. 그중 합격률은 80%로, 23년 동안 전국 1위의 자리를 굳건히 지켜왔다. 반대로 보면 기숙학원에 입소해 똑같은 스케줄 관리를 받았는데도 20%는 시험에 떨어지는 셈이다. 그들은 시험에 취약하거나 경찰 공무원이 생각보다 적성에 안 맞거나 체력적인 이유가 있거나 등의 다양한 요소들로 불합격이 된다. 그러나 그 외, 똑같은 조건 속에서 똑같은 양의 노력을 기울였는데도 시험에 떨어지거나 공부를 못하는 이들은 왜 그런 걸까. 그들은 대부분 '내가 왜 이 공부를 하고 있나?'에 대한 답을 가지고 있지 않다. 그들은 스스로 목표를 세우고 달려오지 않았을 것이며, 과거의 어느 지점으로부터 떠밀려 왔을 가능성이 높다. 오랫동안 교육업에 몸담아 온 나로서는 그런 젊은이의 모습을 볼 때 가장 안타깝다.

왜 공부하는가. 공부에서 가장 중요한 것은 바로 동기부여다. 공부를 해야 하는 이유를 스스로 찾지 못한다면 공부는 평생 '하기 싫은 것' '어쩔 수 없이 해야 하는 것'이 되고 만다. 그러나 공부를 해야 할 이유를 스스로 발견한 사람은 삶의 전반이 공부거리가 되고 대학에 합격하기 위한 공부가 아닌 꿈을 선택하고 꿈을 이뤄나가고 관계를 맺고 세상에 재능을 기여하고 행복을 찾아가는 과정 속에서 자연스럽게 공부를 하게 된다. 그런 이들에게 공부는 즐거운 것이며 호기심을 지식으로 바꾸는 도구이며 성장의 동력이 된다.

공부를 잘하는 아이들, 특출 나게 잘하는 아이들은 "공부하라."는 잔소리가 필요 없다. 그렇다고 특출 난 머리를 갖고 태어난 아이들만이 공부를 잘하는 게 아니다. 엉덩이를 오래 붙이고 앉아 있는 아이들이 따로 있는 것도 아니다. 그러나 한 가지 특성은 분명 가지고 있다. 그런 아이들의 주변 모든 사람들이 퍼실리테이터, 즉 조력자의 역할을 매우 지혜롭게 하고 있다는 사실이다. 이때 아이는 자기주도학습자를 넘어 자기구조화학습자가 된다.

자기구조화학습은 자신의 미래를 스스로 설계하고, 그에 따른 공부 계획을 스스로 짜는 것을 의미한다. 따라서 자기구조화학습자는 부모, 교사 등으로부터 자신의 현재 위치(성적)를 정확히 파악하고 자신의 재능과 장단점을 점검받는다. 자신이 무엇을 하고 싶은지 이에 따라 무엇이 필요한지를 알고 작은 목표들을 세워나간다. 이 작은 목표들이 성취될 때마다 큰 성취감을 느끼며 더 큰 목표를 만들어나간다. 자기구조화학습자는 일률화된 기준과 방식이 아닌 주변 모든 환경을 자신만을 위해 짜여진 맞춤식 학습의 토대로 인지하고 공부의 주체가 되어 이끌어나간다. 이들은 점수를 따거나 대입, 취업 등의 일시적이고 단기적인 목표가 아니라 인생에서 롱런할 수 있는 전반적인 목표를 향해 나아간다. 이때 '공부'를 가장 효율적이고 편리한 도구로 인식한다. 끝없이 '공부'에 대한 동기부여를 해나가고, 배움에 대한 갈구를 통해 삶을 풍성하게 채워나간다.

이쯤 되면 어른의 역할을 명확하게 알 수 있다. 특히 교육 비즈니스나 교육 업계에 종사하는 이들에게 분명한 사명이 생긴다. 우리는 그들에게 최고의 퍼실리테이터가 되어주어야 한다. 학부모의 역할도 자명하다. 학부모는 불필요한 정보를 취합하여 아이에게 제시하는 것이 아니라 꼭 필요한 정보를 바탕으로 전략을 세우고, 아이가 스스로 '왜 공부해야 하는가'를 발견할 수 있는 조력자 역할을 해야 한다. 내 아이의 특성을 누구보다 잘 아는 부모는 가정에서 아이가 반드시 습득해야 할 인성교육을 바탕으로 단단하고 건강하게 스스로의 삶을 만들어나갈 수 있도록 격려하고 응원해야 한다. 더불어 비교 대신 칭찬을, 조급해하는 대신 믿고 기다려주는 과정을 통해 성취의 즐거움을 맛볼 수 있도록 해주어야 한다.

코로나19는 세상의 거대한 흐름이다. 곳곳에서 크고 작은 변화를 불러일으켰지만 자세히 들여다보면 이는 우리에게 가야 할 길을 더욱 명확하게 보여주는 안내자가 되었다. 비대면은 대면의 중요성을, 혼자가 아니라 함께 가야 이길 수 있다는 사실을, 학습자를 둘러싼 모든 사람들의 역할은 원래부터 조력자였음을 뚜렷하게 알게 해주었다.

결국 '왜 공부하는가'를 아는 사람이 성공한다. 그런 사람이 인생을 행복하게 산다. 세상을 살아보면 공부가 얼마나 큰 힘이 되는가를 알 수 있다. 또한 세상을 호기심 천국으로 바라보는 사람만이 인생을 즐기면서 살 수 있다. 어른인 우리도 끝없이 성장한다. 우리는 급변하는 트렌드를 통해 배우고 있다. 이 흐름 속에서 커다란 교훈을 깨달은 자들만이 미래를 리드할 것이다.

• **김재규 회장**은 동국대학교 대학원 경찰행정학과 경찰학 박사 및 동국대 최고위 치안정책과정을 수료하였고, 한국공안행정학회, 한국경호경비학회, 한국해양경찰학회에서 이사를 역임하였다. 중앙경찰학교, 경찰수사연수원, 동국대학교 경찰행정학과, 연세대학교 행정대학원에서 외래교수로 활동했으며, 현재 원광디지털대학교 경찰학과 겸임교수를 비롯해 김재규경찰학원 원장, 경찰실무종합 감수위원장을 역임 중이다.

우리는 어떤 조력자가 될 것인가

"생각보다 아이가 잘 따라 가네요. 워낙 온라인 매체에 익숙해서 그런지."

코로나19로 인해 온·오프라인 병행 수업을 진행하면서 다양한 반응이 이어졌다. 앞의 말처럼 우려와는 달리 온라인 원격수업에 잘 적응하면서 컴퓨터 앞에 앉아 있더라는 반응도 많았고, 반면에 대다수의 아이들은 앉아 있기를 힘들어하고 산만하며 적응을 못한다는 피드백이었다.

우선 앉아 있기만 해도 성공이라는 평을 하는 사람들도 있지만, 온·오프라인이 병행되는 블렌디드 수업이 자리를 잡을 경우, 좀 더 디테일한 개인 지도가 요구되는 것은 사실이다.

사실 이 책을 집필하게 된 이유는 학부모, 교육자들의 다양한 요구 때문이기도 했지만 국가, 교육기관, 교육자, 학부모, 학생의 역할에 대한 나의 생각을 역설하기 위함도 크다. 코로나19 상황이 일시적으로 끝날 거라는 예상과는 달리 장기화되면서 사회 곳곳에는 큰 변화들이 일어나기 시작했다. 스마트폰이 대혁명을 일으켰을 때와는 또 다른, 전 세계와 범국가적 차원의 변화가 삶을 구성하는 환경 곳곳에서 일어나기 시작했다. 또한 그 변화는 짐작을 비껴나거나 혹은 속도를 가늠할 수 없다는 점에서 많은 사람들에게 강한 자극을 안겨주었다.

특히 교육에 관련된 사람들은 그 변화의 정점에 서 있었다 해도 과언이 아니다. 20년 전부터 멘토솔루션이라는 이름으로 목동, 대치동에서 2만 명이 넘는 학부모와 학생을 1:1로 튜터링해왔던 나에게 이 변화의 양상이 그리 새로울 리 없었다. 이미 이 책의 전작과 그 전작에서 왜 '혼자 공부하는 힘'을 키워야 하는지, 그리고 그 힘의 정의가 무엇인지에 대해 역설해왔고 그것이 오늘의 사태에 학생들에게 가장 필요한 핵심 역량이 되었기 때문이다.

"앞으로 교육은 어떻게 변화하는 건가요?"

"공교육, 사교육은 이제 어떻게 대처해야 하죠?"

"전략이 필요합니다. 애들은 특히 어떤 준비를 해야 좋은 대학에 갈 수 있죠?"

"계속 이렇게 간다면, 대학이 의미가 있긴 한가요?"

모두 좋은 질문이다. 이 책이 여기에 대한 명확한 답이 되리라 생각지는 않는다. 그러나 반드시 곱씹어봐야 할 질문과 답인 것은 분명하며 이 질문에 대한 좋은 답의 근거가 되어 주리란 사실에는 의심의 여지가 없다. 오늘과 근 미래에 교육계에 불어닥칠 바람을 예고하는 변화의 양상들, 즉 '교육 트렌드'를 읽어내는 것은 우리에게 무척 중요하다. 일주일 또는 격주로 두세 번 가다가 갑자기 하루, 또 갑자기 5일 모두 등교를 해야 하는 등 갑작스럽게 변화하는 교육 정책에 맞춰서 아이가 조금이라도 덜 혼란스럽도록 지도해야 하는 학부모 역시 실은 혼란의 중심에 있다. 이제 아이를 어떻게 키워야 하는가. 공부는 어떤 식으로 해나가야 하며, 미래가 원하는 인재가 되려면 어떤 부분을 강화시켜 나가야 하는가에 대한 궁금증은 어느 학부모에게도 예외일 수 없게 되었다. 교육자와 학생 역시 마찬가지다.

어쩌면 지난 10년 동안 쏟아져 나왔던 대부분의 미래 예측서는 다 버려야 할지도 모른다. '예측'이 아닌 본질에 맞춰 어떠한 트렌드에도 변함없이 적용될 수 있는 학생의 자질, 공부의 정의, 교육자와 학부모의 역할을 일러둔 책들만이 지금 이 시대에도 여전히 통하는 나침반일 것이다. 적어도 나와 20년 동안 상담해온 학생과 학부모들이 흔들림 없이 자신의 미래를 잡아나가는 모습을 보면서 나는 그렇게 느낀다.

그래서 이 책을 집필하며 두 가지 핵심에 초점을 맞추기 위해 노력했다. 첫째는 변화하고 있는 양상을 정확하게 바라볼 수 있도록 했다. 정돈되지 않은 많은 정보들이 우리를 혼란스럽게 한다. 미래를 예측하는 다양한 변화의 흐름 속에는 우리가 바로 이해할 수 있는 구체적인 '교육'의 방향성이 없다. 최소한의 정보, 우리가 정확하게 짚고 가야 할 정보들을 최대한 이해하기 쉽게 정리하기 위해 노력했다. 굳이 이름을 붙인다면 그것이 바로 '트렌드 에듀케이션'이 될 것이다.

둘째는 역할이다. 한때 '자기주도학습'이라는 말이 매우 중요시되었고 지금 역시 마찬가지다. 아이들을 앉혀놓고 한 사람 한 사람 눈을 맞춰가며 수업을 진행할 때에는 '주입식'이 통했지만 이제 아이들은 '스스로' 공부하는 힘이 어느 때보다 필요하다. 앞으로도 비대면은 선택지가 아니라 필수가 될 것이기 때문이다. 여기서 '스스로'에 포함되는 것은 엉덩이를 붙이고 앉아 문제집을 푸는 물리적 양과 시간만을 의미하지 않는다. 여기에는 이제 '자기구조화', 즉 자신의 미래를 위해 스스로 공부의 이유를 설정하고, 그 이유에 맞춘 학습의 설계를 해나가는 것까지 포함된다. 자신에게 흥미로운 과목이 무엇인지, 그래서 어떠한 방향의 진로를 설정해나갈 것인지, 그에 맞춰 핵심적으로 공부해야 할 과목과 분야는 무엇인지 등을 스스로 결정하고 그에 맞춘 학습 계획과 양, 시간을 조절해나가는 것이다.

어떻게 그게 가능하냐고? 물론 처음부터 혼자 하기는 쉽지 않다. 또 고등학교를 졸업할 때까지는 반드시 조력자의 도움이 필요하다. 여기서 '조력자'란 매를 들고 아이를 감시하거나 "공부하라."는 알람을 수시로 보내고 전화로 스케줄링을 체크하는 사람들을 의미하지 않는다. 단순히 시험문제를 내어 점수로 아이를 평가하여 성적을 내고 그에 맞춘 진학 상담을 제공하는 사람들을 의미하지 않는다.

미래의 교육은 모두 1:1 맞춤 교육으로 변화될 것이다. 기본적인 학습의 바탕 위에 각 개인의 재능, 성격, 적성 등이 모두 반영된 방식의 교육으로 진화할 것이다. 그렇게 키워진 인재만이 고등학교를 졸업한 후 스펙에 연연하지 않고 자신의 방향을 스스로 설계하며 꿈을 향해 나아갈 수 있다. 설사 자신이 설계한 꿈이 현실과 맞지 않는다 하더라도 스스로 그 계획들을 변경하며 나아갈 수 있다. 이것이 진정한 공부의 힘이며 이것이 공부라는 것을 알려주고 자기구조화학습이 가능하도록 만들어주는 것이 조력자의 진정한 역할인 것이다.

"내 아이가 혼자 진득하게 좀 앉아서 공부했으면 좋겠어요."

전작인《혼자 공부하지 못하는 아이들》을 집필하기 전 가장 많이 받았던 질문이다. 그에 대한 답을 제시하기 위해 전작을 펴내었지만, 그 책은 오히려 코로나19로 원격수업이 진행되고 있는 지금 더 큰 화제가 되고 있다. 이미 여러 차례 방송을 통해서도 '혼자 공부하는 아이들'과 관련된 키워드로 섭외가 되었고 방송을 타기도 했다.

이러한 현상을 보며 스스로 자신의 삶을 주도하는 아이들을 양성해내기 위한 교육자들의 고민이 절실해짐을 느낀다. 학부모와 교육자는 이제 아이들 개개인의 인생이 스스로의 것임을 인정하고 존중하는 바탕 위에서 그들이 이 삶을 가장 주체적이고 능동적으로, 행복하게 살아갈 수 있는 선택지들을 제시해주어야 한다. 어쩌면 그래서 학생과 학부모의 이러한 역할을 잘못 이해한 사람들과 제대로 이해한 사람들 간의 격차가 극심해지는 양극화 현상이 벌어질지도 모른다. 이 책이 조금이라도 더 빨리 나오기를 바라는 마음도 이 때문이다. 그 간극을 조금이라도 더 좁히는 데 도움이 되길 바라기 때문이다.

이 책에서 제시하는 모든 키워드들에 집착하지 않아도 된다. 그러나 3부에서 제시하는 방향성에 대해서는 집착하기를 바란다. 교육은 인류의 미래를 결정짓는 매우 중요한 도구다. 따라서 교육의 방향성은 바로 인류의 방향성과도 같다. 교육은 인간이 성장하기 위한 가장 직접적인 방식인 동시에 그 성장을 결정할 수 있는 힘을 키워주는 바탕이 된다. 이 책을 쓰고 있는 나와, 읽고 있는 모든 이들은 조력자다. 어떤 조력자가 될 것인지는 스스로의 선택에 달렸지만 우리의 목표는 모두 같으리란 걸, 믿어 의심치 않는다.

-2020년 11월
연구소에서, 박인연

#언택트 #디지로그 #에듀테크 #블렌디드러닝 #하이터치 #자기화 #이러닝 #융합 #인문학 #ITS #네트워크 #디바이스 #플랫폼 #콘텐츠 #원격강의

AR, VR 증강현실, 가상현실

컴퓨터로 만들어놓은 가상의 세계에서 사람이 실제와 같은 체험을 할 수 있도록 하는 최첨단 기술을 말한다. 머리에 장착하는 디스플레이 디바이스인 HMD를 활용해 체험할 수 있다.

AI 인공지능

컴퓨터에서 인간과 같이 사고하고 생각하고 학습하고 판단하는 논리적인 방식을 사용하는 인간지능을 본뜬 고급 컴퓨터프로그램을 말한다.

Big Data 빅데이터

기존 데이터보다 너무 방대하여 기존의 방법이나 도구로 수집·저장·분석 등이 어려운 정형 및 비정형 데이터들을 의미한다.

Cloud 클라우드

컴퓨터 파일을 저장할 때 작업한 컴퓨터 내부에 있는 공간이 아니라 인터넷을 통해 중앙 컴퓨터에 저장할 수 있는데 이 공간을 클라우드라고 부른다.

Untact 언택트

비대면, 비접촉(사람과 사람이 직접 만나지 않는 것)

Digilog 디지로그

'digital'과 'analog'의 합성어로 디지털 기술과 아날로그적 정서가 결합한 제품과 서비스, 또는 아날로그 시대에서 디지털 시대로 넘어가는 변혁기에 위치한 세대. 디지털의 장점을 수용하지만 기본적으로는 아날로그 시스템으로 구성된 제품을 일컫는다.

Edutech 에듀테크

에듀테크는 교육(education)과 기술(technology)의 결합이다. 빅데이터, 인공지능(AI) 등 정보통신기술(ICT)을 활용한 차세대 교육을 의미한다.

Blended Learning 블렌디드 러닝

정규 교육 프로그램 중 부분적으로 온라인 미디어나 디지털을 통해 학습 내용과 지도 내용이 전달되는 형식으로 학생 자신이 언제, 어디서, 어떤 순서와 속도로 학습을 진행할 것인지에 대해 결정하는 학습 형태이다.

High Touch 하이터치

고도의 기술이 도입되면 될수록 그 반동으로 보다 인간적이고 따뜻함이 유행된다는 것인데, 그와 같은 인간적인 반응을 가리켜 하이터치라고 부른다.

Self-efficacy 자기효능감

반두라(A. Bandura)가 사회인지이론(social cognitive theory)에서 제시한 개념으로, 어떤 목표를 성취하기 위해 필요한 행동을 조직하고 실행하여 원하는 결과를 기대한 만큼 얻어낼 수 있다는 자신의 능력에 대한 기대 또는 신념을 뜻한다.

E-Learning 이러닝

'electronic learning'의 약자로 말 그대로 인터넷 등의 정보통신 기술을
활용하여 이루어지는 학습을 지칭한다.

STEAM 융합교육

'Science' 'Technology' 'Engineering' 'Arts' 'Mathematics'의 두문자
어로, 과학기술에 대한 학생의 흥미와 이해를 높이고 과학기술 기반의
융합적 사고력(STEAM Literacy)과 실생활 문제해결력을 배양하는 교육
을 말한다.

Humanities 인문학

인간의 사상 및 문화를 대상으로 하는 학문영역. 자연을 다루는 자연과
학(自然科學)에 대립되는 영역으로, 자연과학이 객관적으로 존재하는 자
연현상을 다루는 데 반하여 인문학은 인간의 가치탐구와 표현활동을 대
상으로 한다.

ITS(Intelligent tutoring system) 지능형 개인 교습체제

인간 교사가 전문가로서의 수업을 진행하는 것과 동등한 수준의 개별화
수업을 컴퓨터 보조수업에서도 실현시켜 보려는 교수체제. 인지과학, 학
습과학, AI 기술을 접목한 지능형 학습 지원 시스템이다.

Network 네트워크

데이터통신이라는 공통의 목적을 위해 두 개 이상의 장치들이 연결되어
있는 통신구조를 말한다.

Device 디바이스

일반적으로 어떤 목적을 위해 설계된 기계나 장치를 의미하며 주변장치
라고도 한다.

Platform 플랫폼

컴퓨터 시스템의 기본이 되는 특정 프로세서 모델과 하나의 컴퓨터 시스템을 바탕으로 하는 운영체제를 말한다.

Contents 콘텐츠

인터넷이나 컴퓨터 통신 등을 통해 제공되는 각종 정보나 그 내용물.

원격강의

원래는 유치원에서부터 12학년까지의 학생들을 인터넷으로 연결하여 교육하려는 미국의 정보교육 프로그램을 가리키는 말이었는데, 현재는 인터넷이 보편화되면서 정보통신 네트워크를 통해 이루어지는 교육을 통칭하는 말로 사용된다.

Deep Learning 딥러닝

컴퓨터가 사람처럼 생각하고 배울 수 있도록 하는 기술.

Machine Learning 머신러닝

컴퓨터가 스스로 방대한 데이터를 분석해서 미래를 예측하는 기술.

Part 1 1990~2020 과거 교육의 흐름

교육, 무엇이 트렌드이며 무엇이 본질인가

전중환 _ 에듀해시글로벌파트너스 대표이사,
경제개발협력기구(OECD) 경제산업자문위원회 교육그룹&디지털경제그룹 한국대표위원

"작은 호수나 연못을 연구하면 숙주와 기생종을 비롯한 수많은 생명의 종들이 얽혀 있음을 발견할 수 있다. 빠르게 번식하는 종도 있고 더 느리게 번식하는 종도 있다. 이들은 모두 서로에게 영향을 미치며, 마치 생태학적인 발레(Ballet)를 추는 것처럼 각기 다른 속도로 변화한다. 모든 비즈니스에도 각기 다른 하위 단위와 프로세스들이 상호작용하며 각기 다른 속도로 움직이는 시간의 생태학(ecology of time)이 있다. 이는 병원, 학교, 정부기관이나 시청도 마찬가지이다."

2006년, 앨빈 토플러가 자신의 책《부의 미래》에서 한 말이다. 우리는 코로나19라는 거대한 팬데믹을 겪으며 우리가 생각보다 서로에게 밀접한 생태계 속에 살아왔음을 절감하고 있다. 하나의 거대한 산업의 흥망성쇠는 그와 관련된 여러 업종들의 생존 여부를 유기적으로 결정짓는다.

필자는 《고물상 아들, 전중환입니다》라는 도서를 출간한 후 청년들을 대상으로 한 강연을 통해 "대표님은 창업을 해보신 적이 있습니까?"라는 말에 깊은 자극을 받았다. 그리고 HP 휴렛팩커드의 대표이사직을 내려놓고 오프라인과 온라인의 경계를 없애는 하이브리드 세상을 위한 '오프라인 현장의 디지털 전환을 돕는 디지털 혁신 솔루션 기업'이라는 모토 아래 에듀해시글로벌파트너스라는 회사를 창립했다. 방향성의 이유는 간단했다. 넷플릭스, 유튜브, 아마존 등이 온라인 서비스를 통해 혁신하는 모습을 지켜보고 또 지원하면서, 국내 오프라인 기업들이 경쟁력을 잃어가는 모습을 보았기 때문이다. 특히 한국 내 교육계를 포함한 오프라인 기반 중소·중견기업들의 상황을 지켜보다가 이들을 위한 데이터 기반 디지털 전환 솔루션이 필요하다고 판단해 창업에 나선 것이다.

그러나 교육계는 만만치 않았다. 3년 전에는 전 세계의 글로벌 기업 리더들과 주도적 트렌드 컨퍼런스를 기획했다면, 이제는 현장 속에서 생태계의 쓴맛과 단맛을 고스란히 경험하며 실질적인 전쟁을 벌이고 있다. 이러한 상황 속에서 '트렌드'는 미래가 아니라 현실임을 자각하게 된다. 특히 교육계에서 글로벌 트렌드는 알아도 되고 몰라도 되는 선택 사항이 아니라, 관련된 사람들에게는 가장 구체적이고 현실적으로 인식되어야 할 필수 요소다. 더불어 급변하는 변화의 물결 속에서도 변하지 않고 지켜져야 할 '본질'을 꿰뚫는 안목을 가지는 것이 이 시대를 살고 있는 리더가 가져야 할 최고의 자질임을 느끼게 된다.

그런 의미에서 이 책은 매우 기쁜 소식이다. 이 책을 감수하고 인트로를 집필하면서 조금 더 일찍 이러한 정보들이 정리되지 못했음에 안타까웠다. 사교육, 공교육, 학생과 학부모, 교사들이 움직이는 가장 근접한 현장 속에서 뛰고 있는 저자의 오랜 고민과 고집이 물씬 느껴지는 책을 읽으면서 교육자들에게 인사이트를 줄 수 있는 일목요연한 정보서의 필요성을 더욱 절감하게 되었다. 더불어 교육계의 생태학을 생각해보지 않을 수 없었다.

특히 한국의 급변하는 교육정책을 직면하면서 국가와 교육기관, 교육자와 학부모, 학생 간 관계가 얼마나 유기적인지 보아왔다. 이들의 역할 중 한 부분이 마비되거나 잘못되면 교육 생태계는 곧 엉망이 되어버리고 마는 것이 현실이다. 코로나19 사태가 지속화되면서 국가와 학교는 발 빠르게 이에 대처했다고는 하지만 그것은 어디까지나 대처일 뿐, 이미 인류의 미래에 반드시 필요한 인재를 양성하기 위한 전략을 펼쳐온 유럽 및 교육 강국의 흔들림 없는 흐름을 볼 때 더욱 깊은 고민이 절실하다.

필자의 신조는 변화 앞에서는 변화하지 않는 것으로, 정체된 것 앞에서는 변화의 흐름으로 이기는 것이다. 시간은 늘 흐르지만 인간의 삶은 유한하며 그 유한한 삶의 목표는 늘 행복과 성장이다. 고도로 발달하는 기술은 이 목표를 더욱 용이하게 이루어줄 것이다. 트렌드는 이 용이성을 읽어내는 척도다. 이 가운데 우리가 기억해야 할 것은 변화하지 않는 것, 즉 우리 삶의 진정한 목표와 이유다.

교육 생태계에 얽혀 저마다의 롤을 가진 우리는 그 변화하지 않는 목표를 향해 달려가야 한다. '왜 공부해야 하는가?' 여기에 대한 답은 변화하지 않는다. 오직 변화하는 것은 '어떻게 공부해야 하는가?'뿐이다. 트렌드는 '어떻게'를 설정할 수 있는 좋은 나침반이 되어줄 것이다. 무엇보다 공부를 해야 할 주체인 학생에게 긍정적인 동기를 부여해주기 위한 퍼실리테이터의 역할을 위해 나머지 모든 사람들이 존재한다는 사실을 되새기고 싶다. 이를 위해 우리는 데이터 기반의 분석을 통해 시간을 절약하며, 더욱 효율적이고 인간적이고 즐겁게 공부할 수 있는 방법을 지속적으로 연구해나가야 할 것이다.

필자는 제8회 글로벌 콘퍼런스 '2020 키플랫폼(K.E.Y. PLATFORM)'에서 '스마트 콘택트' 시대의 중요성을 강조한 바 있다. 코로나19는 언택트(비대면)가 아닌 콘택트(접촉)의 가치를 발견하는 계기였다. 따라서 이제는 언택트가 아니라 '스마트 콘택트(Smart Contact)' 시대로 나아가야 한다. '스마트(SMART)'는 안전하고(Safe), 관리가 가능한(Manageable), 진보된(Advanced/AI-based) 사회관계(Relation) 기술(Technology)의 약자다. '디지털화, 스마트시티, 한국형 뉴딜로 대변되는 디지털 경제도 결국 사람이 중심이 돼야 한다'는 것을 강조하기 위해 만든 개념이다.

결국 변화하지 않는 것은 인간이다. 인간의 본성이 교육의 본질이다. 따라서 인간의 안위와 행복에 초점을 맞춘 방향성이 트렌드이며, 그 효율성에 대한 고민은 나를 비롯한 어른들의 몫이다. 어른이 이미 만들어놓은 세상의 생태계 속에서 아이들이 허우적대게 하는 것은 올바른 방향이 아니다. 그 생태계에 무조건 적응하게 만들기보다는 잘못된 점이 있다면 과감하게 변화하고 또 우리의 역할에 충실하면서 최선을 다해 마지막 리더십을 발휘해야 한다. 미래는 이제 아이들의 몫이다. 그 아이들의 공부는 인류의 미래를 위한 것이 되어야 한다. 어른들은 변화에 대한 거부권을 거두고 적극적으로 흐름을 선도해야 한다.

그러므로 트렌드에 주목하라. 그리고 더욱 민감하게 반응하라. 각기 변화하는 속도는 다르지만 우리 모두가 유기적으로 얽혀 있는 관계임을 잊지 않을 때, 행복이라는 삶의 목표는 공통의 비전이 되어 우리를 협력하게 할 것이다.

• 전중원 대표이사는 휴랫팩커드(HP) 기업서비스부문(DXC) 대표와 함께 아시아태평양지역 부사장을 지냈다. 특히 국내에선 유일하게 경제개발협력기구(OECD) 경제산업자문위원회 교육그룹&디지털경제그룹 한국대표위원으로 활동하고 있다. 또 소프트뱅크 로보틱스 아시아태평양지역 고문으로 활동하며 글로벌 데이터 비즈니스를 리드하고 있으며 글로벌스마트시티얼라이언스 회장을 비롯해 한국블록체인협회 글로벌협력위원장, 글로벌기업 조세재정최고책임자협회 아시아본부 이사회 부회장 등을 역임 중이다.

Part 1

1990~2020
과거 교육의 흐름

교육과정의 변화

직업상 그런 것도 있지만 나는 해마다 고3 아이들이 본 수능을 반드시 풀어본다. 수학능력시험은 학생들이 그동안 쌓아온 학문이 얼마나 되는지를 평가하는 시험이기에 시험 내용의 변화는 시대의 변화를 잘 대변한다. 암기를 잘하는 것이 곧 공부를 잘하는 것이던 시대에서 아는 것을 응용하고 창의적으로 개발하는 방향으로 교육이 변화되면서 출제되는 문제들도 매우 달라졌다. 해마다 변화하는 수능 문제 출제에도 발을 맞추기가 힘든데, 이제 더 큰 변화가 우리를 가로지르고 있다.

코로나19 이후로 가장 큰 영향을 받은 곳이 교육 분야다. 갑작스러운 변화 속에서 교사와 학부모, 학생의 역할에 혼란이 생겼다. 이 책은 그 커다란 방향을 읽고 교사, 학부모, 학생, 나아가 사교육이 담당해야 할 역할에 대해 짚어보기 위해 쓰였다. 2021년 이후로 더욱 본격화될 변화에 따라 우리가 어떻게 대응해야 할지, 무엇을 준비하고 무엇을 강화해야 할지, 또 과감히 버리고 새로이 해야 할 것이 무엇인지에 대해 알아보자. 이 책에는 교육의 최전방에서 가장 민감하게 대응하고 있는 나의 경험과 최신 정보들을 담기 위해 노력했다. 교육자, 학부모, 사교육자들의 혼란과 궁금증을 해소하는 데 도움이 되기를 바란다.

먼저 1부에서는 변화하는 트렌드의 구체적 요소들을 살펴보기에 앞서, 교육의 큰 흐름을 살펴보고자 한다. 우리나라의 교육정책은 선진국에 비해 충분한 준비를 거치지 않은 채 갑작스러운 변화를 맞을 때가 많았다. 주로 사교육의 폐단이나 전 세계의 앞서가는 교육 방향을 반영한 변화였다. 그러나 준비 없이 맞이한 변화는 늘 아쉬운 결과를 낳았고 이를 보완하기 위한 또 다른 대책들이 오히려 역효과를 낳는 일도 빈번했다. 중요한 것은 코로나19 이후 격변하는 교육의 흐름 앞에 다시 이러한 실수를 번복하지 않는 것이다. 교육의 방향이 바뀜으로써 교육자와 학부모 등 많은 사람들이 혼란과 어려움을 겪겠지만 누구보다 가장 큰 혼란을 겪는 사람은 바로 학생이다. 1994년도에 수능을 두 번 치른 세대의 이야기는 이미 모르는 사람이 없을 정도다.

그런 의미에서 과거에서 현재까지, 또 2022년부터 본격화될 교육의 전반적인 흐름을 살펴보는 것은 매우 의미가 있다. 스탠퍼드 대학교의 총장이자 세계적으로 탁월한 리더라 손꼽히는 존 헤네시가 그랬듯 성공을 위한 혁신에 있어서 중요한 것은 "가능한 한 많은 실패를

피하고, 피하지 못한 실패로부터는 최대한 빨리 몸을 추스르고 일어서는 것"이다. 이제 1990년 이후부터 2022년까지 대한민국의 교육이 어떻게 변화해왔고 또 변화해갈 것인지 큰 흐름을 살펴보기로 하자.

대한민국 교육의 흐름 ——

학력고사 ▶ 수학능력시험 · 논술/적성고사 · 고교내신등급제 ▶ 학생부종합전형 ▶ 자유학기제/자유학년제 ▶ 문·이과통합 ▶ 고교학점제

1. 학력고사

우리나라의 대학 입학시험은 학력고사로부터 시작되었다. 학력고사는 암기 위주의 학업으로 치러지는 시험이다. 성실하게 수업을 듣고 교과서에 있는 내용을 많이 암기할수록 점수가 높게 나오고 좋은 대학에 진학할 수 있다. 따라서 교육도 주입식이 될 수밖에 없다. 그러나 시대가 바뀌면서 세계의 흐름 자체가 응용, 창의, 개념 위주의 학습이 되었고 이에 따라 1994년부터 대학수학능력시험으로 바뀌게 된다. 이 변화 때문에 1994년도에는 연 2회 대학수학능력시험이 실시되는 일도 있었다. 학력고사는 1등부터 꼴찌까지 점수를 내서 등수로 평가를 하여 대학에 들어갔다.

2. 수학능력시험

학력고사에서 수능으로 변화한 것은 시대의 흐름에 맞춘 것이었다. 학력고사 시절에는 실행역량이 필요했기 때문에 단순한 암기 위주의 교육이 요구될 수밖에 없었다. 수학능력시험에서는 실행역량보다는 설계역량, 창의력을 요하기 때문에 이 시대에는 대학수학능력시험과 학생부종합전형이 동시에 시행되었다. 하루에 끝마치는 수학능력시험 한 번으로 3년 동안 공부한 것을 모두 평가하기에는 위험성이 따른다는 우려 때문이었다.

학력고사가 말 그대로 학력, 암기 능력을 평가하는 시험이라면 수학능력시험은 사고력, 논리력, 창의력을 평가하는 시험이다. 대학수학(修學)능력시험이라는 말 그대로 대학에서 공부를 할 수 있는지 없는지를 판별하는 시험이다. 그래서 출제되는 문제 자체도 학력고사보다 훨씬 어렵다.

3. 논술/적성고사 도입

수학능력시험과 함께 도입된 제도가 바로 논술시험과 적성고사이다. 대학 측에서는 수학능력시험 하나만으로 학생을 뽑기 어렵다고 판단, 선택의 폭을 넓히기 위해 논술과 적성고사 제도를 도입했다. 모든 대학이 아니라 개별적으로 대학 자체에서 논술과 적성고사 제도를 도입하여 선택하도록 했다. 적성고사는 올해 2021년을 마지막으로 폐지가 된다.

당시 수시에서 논술로 뽑힌 인원이 50%나 차지할 정도로 많았던 적도 있다. 논술로 들어온 학생들은 해당 대학에 입학할 수 있는 수능의 최저 등급을 맞춘 상태에서 깊게 공부한 우수한 학생들이 대부분이어서 대학에서는 논술전형을 선호했다. 또 대학에서 자체적으로 논술 문제를 출제한다는 것도 대학이 논술전형을 선호하는 이유다. 구미에 맞는 인재들을 뽑기가 수월하기 때문이다. 이에 따라 사교육도 급증했다. 논술은 학교에서 채워줄 수가 없는데다 문제 자체가 너무 어려워서 사교육에서 채울 수밖에 없었다. 노무현 정부 때부터 논술전형이 특히 부각되었는데, 사교육 급증이라는 폐단으로 인해 국가에서 제재를 가하게 된다.

논술전형은 아직도 존재하지만 점점 줄어드는 추세다. 역시 사교육의 폐단 때문이다. 특히 논술전형은 수학, 과학, 언어만 시험을 보면 되고 대학마다 대부분 수능 최저등급 제한이 있다. 이과 논술전형의 특성은 수학과 상관관계가 높다. 논술이 대학수학능력시험보다 한 단계 위다 보니 대학수학능력시험의 수학에서 1~2등급이 나오는 아이들이 비교적 논술시험에 합격할 확률이 높다. 문과 논술전형은 비문학 독서를 통한 독해력과 도표분석력이 중요하다. 대신 논술전형에서는 내신이 변별력이 없다. 등급 간의 점수 차가 0.5~0.1점. 따라서 1등급과 9등급의 차이가 많아야 3~4점 차이밖에 나지 않기 때문이다. 내신을 버리고 논술 하나만 준비해온 학생도 많은데 다른 전형이 필요 없는 만큼 경쟁률이 100대 1, 최하 55대 1로 치열하다. 논술전형은 2002년에 시작해서 지금까지 유지되어오고 있는데 그 정점은 2008년부터 2015년까지다. 이때까지 수시의 반가량을 논술전형으로 뽑았다.

4. 고교내신등급제

'내신 9등급제'라고 부르는 고교내신등급제는 예전에 있던 내신 등급 제도에서 좀 더 변화된 형태로 2008년에 시행되었다. 말 그대로 1등급에서 9등급까지 내신의 등급을 나누고, 수능과 내신 모두 전과는 다른 등급제를 적용하게 되었다. 2004년 10월 절대평가 방식 때문에 학교가 쉬운 시험으로 학생들의 성적을 부풀리고 있다고 판단한 데서 온 변화다. 여기에 상대평가제를 적용해 수능의 영향력을 낮추고 내신의 영향력을 높이겠다는 목적도 있다. 이 제도의 평가결과 기록 방식은 과목별 석차등급제로 전환되어 9개 등급 간 학생수 산정 비율이 적용된다. 문제를 쉽게 출제하여 동점자가 많이 나오는 것을 막기 위한 방안이다.

이후 2014년부터 9등급제의 고교 내신제도는 상대평가로 1등급은 상위 1~4%, 2등급은 상위 5~11%, 3등급은 상위 12~23%, 4등급은 상위 24~40%, 5등급은 상위 41~60%, 6등급은 상위 61~77%, 7등급은 상위 78~89%, 8등급은 상위 90~96%, 9등급은 상위 97~100%이다.

고교내신등급제와 함께 등장한 것이 바로 우리가 '특목고' '자사고' 등으로 부르는 고등학교의 세분화다. 특목고는 '특수 목적고'의 줄임말로 외국어고등학교, 국제고등학교, 과학고등학교, 영재고등학교를 포함한다. 자사고는 '자율형 사립고등학교'와 '자율형 공립고등학교'를 의미한다. 마이스터고는 기존 실업계 고등학교를 발전시킨 전문계 고등학교로 애니메이션, 바이오, 반도체, 자동차, 전자, 기계, 로봇, 통신, 조선, 항공, 에너지, 해양 등 다양한 분야의 기술명장(meister)을 양성한다. 일반적으로 내신성적 상위 20% 이상의 학생들이 합격한다. 특성화고는 특성화된 학교로 직업 고등학교를 의미하는데 예를 들면 세무고등학교, 미용고등학교, 관광고등학교, 비즈니스고등학교 등이다. 이 외에는 모두 일반고등학교에 속한다.

고등학교에서 배우는 학업은 총 203단위로 1단위가 1시간이다. 대학처럼 기본적으로 이수해야 할 단위가 존재하는데 일반고는 96단위

다. 이 단위를 넘기면 감사를 받게 되어 있는데 특목고와 자사고의 경우, 기본 단위에서 국·영·수의 비중을 높일 수 있다. 그래서 입시 위주로 주요 과목을 많이 집어넣는다. 고교 세분화로 인해 학교의 종류에 따라 과목별 이수 단위가 달라질 수 있다. 예를 들어, 과학고와 영재고는 과학과 수학에 초점이 맞춰져 있다. 자사고의 경우 교과부의 지원을 받지 않는 대신 일반고보다 교과 커리큘럼 구성의 제한을 덜 받는다. 따라서 모든 커리큘럼을 수능 위주로 구성하기 때문에 입시에서는 비교적 가장 유리하다.

마이스터고나 특성화고가 생긴 이유는 취업의 중요성 때문이다. 입시가 과열되다 보니 취업을 한 후 대학에 갈 수 있도록 방향을 바꾸자는 취지에서 생겨났다. 그래서 마이스터고와 특성화고 학생은 야간대학에 특혜를 준다. 종종 이 제도를 역이용해서 공부를 잘하는 학생이 마이스터고와 특성화고에 진학해 내신을 잘 받아 명문대에 가는 경우도 발생한다.

외고와 국제고의 차이점은 학교의 커리큘럼이다. 외고는 외국어에 초점을 맞추는 것이 애초의 취지였지만 이와는 달리 역시 입시 위주로 운영되는 게 현실이다. 국제고는 해외로 취업하고 싶은 학생들을 위해 만들어졌기 때문에 입시보다는 국제법, 국제통상 등 관련된 학문을 배우도록 만들어졌으나 학교의 성과를 중시하다 보니 역시 처음 취지와는 다르게 입시에 맞춰지게 되었다.

특목고는 특수 목적에 따른 인재를 발굴하기 위해 만들어졌다. 하지만 외고의 경우 어학 쪽의 인재 발굴을 목적으로 생겼음에도

2007~2008년 초창기 때 문·이과를 모두 만들어 의대 진학이 가능하도록 했다. 이후 이과가 활성화되면서 과학고와 영재고는 카이스트, 유니스트, 포항공대 등으로 진학하는 학생들을 배출하면서 원래의 취지에 맞게 가게 되었다. 그러나 문제는 우수한 학생들이 자사고와 특목고로 집중되다 보니, 일반고와 비교했을 때 학력의 수준 차이가 벌어지는 현상이 생겨났다는 점이다. 성적이 우수하지 못한 학생이 일반고로 모이는 현상이 일어나면서 일반고의 기강이 무너지고 교사도 수업하기가 힘들어지게 되었다. 따라서 국가에서는 2025년까지 모든 특목고를 폐지하는 쪽으로 결정을 내렸다. 과학고와 영재고를 제외한 모든 학교는 폐지하도록 결론을 내렸다. 하지만 학부모들의 헌법소원이 진행 중이고 자사고, 특목고 출신들이 정계, 법조계 등에 진출해 있는 상황이라 폐지가 녹록지 않을 것으로 예상된다. 일례로 상상고도 폐지했다가 다시 지정된 적이 있다.

5. 학생부종합전형(＝입학사정관전형)

논술전형의 폐단인 사교육비를 줄이기 위한 대책으로 학생부종합전형이 도입되었다. 미국의 다트머스대학이 지금으로부터 약 110년 전 입학사정관전형을 세계 최초로 실시했는데 우리나라는 2007년부터 도입되었다. 이 전형은 학교에다 모든 걸 위임해 내신뿐 아니라 동아리활동, 봉사활동, 진로활동, 독서활동 등의 비교과 활동까지 모두 성적에 포함하여 보게 한 제도다. 입학사정관전형이라고도 불리는 학생부종합전형을 통과해 대학에 입학한 아이들은 대체로 진로 방향을 정하고 입학하기 때문에 GPA(학점)도 높고 학교생활 만족도도 높다는 자료가 나왔다.

그런데 학생부종합전형에서 좋은 스펙을 갖추려고 하다 보니 오히려 사교육비가 더욱 급증되는 역효과가 나타났다. 특히 특목고나 자사고의 경우 학생 수가 적고 우수한 학생들이 많다 보니 학교 자체에서 스펙을 만들어주기가 비교적 유리했다. 상대적으로 일반고등학교는 학생이 자체적으로 준비하도록 하다 보니 교육의 양극화 현상이 더욱 두드러졌다. 그래서 현재는 학생부종합전형을 없애자는 얘기가 나왔는데 그 결과 정시가 지금보다는 확대될 예정이다(입학사정관 80%, 정시 20%에서 다시 정시 40%로). 취지는 좋지만 비교과 활동을 사교육에 의존하다 보니 사교육의 폐단이 극심해졌기 때문이다.

학생부종합전형의 가장 큰 문제는 사교육 증가도 있지만 학생들이 조기에 이를 포기한다는 점이다. 내신이 안 나오면 학생부종합전형으로는 좋은 결과를 기대할 수 없기 때문에 재수를 선택하는 것이다. 여기서 정량평가, 정성평가라는 용어가 등장하는데 학생부종합전형은 내신을 포함하는 전체 점수를 보기 때문에 정량평가를 바탕으로 한 정성평가라고 할 수 있다. 결국 정량이 바탕이 안 되어 있으면 정성은 의미가 없는 것이다. 내신이 기본적으로 2등급대 안에 들어야 학생부종합전형으로 좋은 대학에 진학할 수 있다. 3등급 밖의 학생들은 대부분 학생부종합전형을 포기하고 정시로 돌아선다. 이로 인해 재수생이 급증한다. 그래서 일부 학교들은 재수생이 재학생 수를 초과하는 현상이 일어나기도 한다.

6. 자유학기제 → 자유학년제

2016년부터 시행된 자유학기제는 학생들이 진로를 빨리 찾기 위한 것이 그 취지다. 중학교마다 교장의 재량에 따라 1학년 때 한 학기를 수업 대신 진로 체험, 진로 답사 등 진로를 찾는 활동으로 대체한 것이다. 당시 진로 탐색과 목표 설정을 통해 공부의 방향성을 잡아주고 취업 문제도 해결하기 위한 것이 핵심이었다. 이때 학생부종합전형도 함께 나왔기 때문에 학생들이 자신의 스토리, 포트폴리오를 만드는 데 많은 시간과 공을 들였다. 이 역시 사교육비를 급증시키는 폐단을 낳았다.

첫 시행 때는 중학교 1학년을 대상으로 한 학기만 자유학기제로 시행하다가 2020년부터 자유학년제로 전국으로 확대했다. 시험을 보지 않고 진로활동, 체험활동, 독서활동으로 대체했다. 그러나 독서와 체험을 통해 진로를 빨리 찾겠다는 좋은 취지와는 달리 수업을 하지 않고 실외 학습을 위주로 하다 보니 선행학습 위주의 사교육이 성행하는 현상이 나타났다.

7. 문·이과 통합

2020년까지는 고등학교에서 문과와 이과가 여전히 구별된다. 즉 수학은 가형과 나형, 사탐과 과탐으로 나누어 수능을 치르게 된다. 하지만 2021년부터는 문과와 이과가 통합된다. 그러나 실질적으로 대학에서는 문·이과 구별이 존재한다. 고교세분화와 동시에 문·이과 통합이 이루어지는 이유는 융합형 인재를 양성하고자 하는 취지에서다. 4차산업혁명 시대에서는 인문학이나 과학, 한 가지로만 치우친 교육으로는 인재를 양성할 수 없다고 판단했다. 2022년부터 고교학점 제로 가는 것 또한 이 방향성에 부합한다.

문·이과의 통합은 세계의 흐름이다. 문과와 이과의 구분은 우리나라와 일본, 중국, 싱가포르 등 동북아시아의 몇 개국에만 남아 있다. 다른 나라는 구분 없이 통합적으로 배우다가 전공은 대학원에서 배우게 된다. 대학에서는 기본 학습을 중심으로 이루어진다. 문과, 이과에 상관없이 융합교육이 바탕이 되어야 전공에 들어갔을 때 더욱 깊이

수능 과목 구조 개편

과목(영역)	2021 수능	2022 수능
국어	독서, 문학, 화법과 작문, 언어	• 공통: 독서, 문학 • 선택: 화법과 작문, 언어와 매체 중 택1
수학	• 가형(이과): 수학Ⅰ, 확률과 통계, 미적분 • 나형(문과): 수학Ⅰ, 수학Ⅱ • 확률과 통계	**(문·이과 구분 폐지)** • 공통: 수학Ⅰ, 수학Ⅱ • 선택: 확률과 통계, 미적분, 기하 중 택1
영어	영어Ⅰ, 영어Ⅱ	영어Ⅰ, 영어Ⅱ
한국사	한국사	한국사
탐구	• 일반계: 사회/과학 계열 중 택2(계열 구분) –사회: 9과목 / 과학: 8과목(과학Ⅰ, 과학Ⅱ) • 직업계: 직업 계열 중 택2 –직업: 10과목(농업, 공업, 상업, 수산업, 가사 5개 계열 중 택2)	**(문·이과 구분 폐지)** • 일반계: 사회/과학 계열 구분 없이 택2 –사회: 9과목 / 과학: 8과목(과학Ⅰ, 과학Ⅱ) • 직업계: 전문공통(성공적인 직업생활)+선택 (5개 계열 중 택1) –직업: 6과목(성공적인 직업생활, 농업기초기술, 공업일반, 상업경제, 수산·해운산업의 기초, 인간발달)
제2외국어/ 한문	9과목 중 택1(독일어Ⅰ, 프랑스어Ⅰ, 스페인어Ⅰ, 중국어Ⅰ, 일본어Ⅰ, 러시아어Ⅰ, 아랍어Ⅰ, 베트남어Ⅰ, 한문Ⅰ)	9과목 중 택1(독일어Ⅰ, 프랑스어Ⅰ, 스페인어Ⅰ, 중국어Ⅰ, 일본어Ⅰ, 러시아어Ⅰ, 아랍어Ⅰ, 베트남어Ⅰ, 한문Ⅰ)

공부할 수 있다는 이유에서다. 문·이과 통합에 잘 맞춰 가기 위해서는 어릴 때부터 독서, 다양한 체험활동, 에세이 쓰기, 문해력 키우기, 액티비티 등이 이루어져야 한다.

수능 평가 방법 개편

	2021 수능	2022 수능
절대평가	영어, 한국사	영어, 한국사, 제2외국어/한문
상대평가	국어, 수학, 탐구, 제2외국어/한문	국어, 수학, 탐구

수능 EBS 연계

2021 수능		2022 수능
70%	→	50%

학생생활기록부 기재사항 변화

(현재 중3부터 적용)

인적사항	부모 정보(성명, 생년월일) 및 특기사항(가족변동사항) 삭제
수상경력	상급학교 진학 시 제공하는 수상경력 개수 제한
자격증 및 인증 취득	대입자료로 미제공
진로희망	항목 삭제(대입자료로 미제공)
창의적 체험활동	봉사활동: 특기사항 미기재 • 동아리활동: 기재 가능 동아리 개수 학년당 1개 • 소논문: 기재 금지 • 기재분량 축소: 3,000→1,700자
행동특성 및 종합의견	기재분량 축소: 1,000→500자

한국독어학회 회장인 문미선 저자는 자신의 책《미래교육, 최고에서 최적으로》와 관련된 한 인터뷰에서 "2025년 고교학점제의 도입을 앞두고 있다. 성공적인 도입을 위해서는 교육 혁신의 중심에 교사가 있어야 한다고 말씀하셨는데 그 이유는 무엇인가?"라는 질문에 다음과 같이 답했다.

"교사의 질이 교육의 질을 결정합니다. 새로운 고교학점제에서는 교사가 교과목을 설계하고 진행하며 절대평가를 적용하는 등 교사의 더욱 향상된 역량이 요구되어, 이의 성공적 도입을 위해서는 신뢰받고 존경받는 교육전문가의 재탄생을 위한 제도적 혁신이 반드시 전제되어야 합니다."

2025년부터 본격적으로 시행될 고교학점제는 2022년에 전국 고등학교를 대상으로 도입될 예정이다. 주변국인 싱가포르, 홍콩 등의 아시아 국가에서도 이미 학점제 형식의 교육과정을 운영 중이며, 선진국인 미국, 영국, 핀란드, 캐나다, 호주 등에서도 실시가 되어왔다. 문미선 저자가 이야기한 것처럼 고교학점제에 따르는 교사의 역량은 이전과는 확연히 다르다. 지식의 전달을 넘어 대학교수를 뛰어넘는 지식에 대한 깊이와 티칭이 아닌 코칭, 코칭을 넘어 1:1로 학생의 학점에 대해 이야기할 수 있는 튜터링적 역량이 필요하다. 교육부가 고교학점제 도입을 추진하는 가장 큰 이유도 여기에 있다. 현재 교육체제가 안고 있는 여러 문제점을 딛고 우리나라의 교육문화를 선진화하기 위한 전반적인 변화를 도모하기 위해서다.

고교학점제는 교육 혁신을 위한 시대적인 흐름이다. 교사의 역량 변화와 더불어 학생들이 자신의 학점을 스스로 관리하며 주도적으로 학습할 수 있도록 함으로써 미래 사회에 필요한 역량을 키울 수 있는 기반을 만들어준다. 학점제 형식으로 바뀌면 학생들은 각자 학습의 주체로서 자신이 희망하는 적성과 진로 방향에 따라 과목들을 선택할 수 있게 되며, 교사들 역시 수업과 평가에 대한 자율성과 전문성이 높아지게 된다.

대학생처럼 자율적으로 과목 선택, 학생 스스로 학점 관리

고교학점제는 간단히 말해 대학의 시스템과 거의 유사하다. 대학에 입학할 때 전공을 선택하고 그와 관련된 학과목을 선택하여 듣듯이, 선택과목과 진로과목의 목록 중 자신이 원하는 과목을 선택하여 학점을 이수하는 방식이다. 여기서 일반선택과목은 필수과목, 진로선택과목은 자신이 필요하다고 여겨지는 과목을 선택해 듣게 된다. 대학에서 전공과 교양으로 나뉘는 것과 비슷하다. 학생들은 자신이 재학 중인 학교에서 원하는 과목이 없다면 주말을 이용해 다른 학교에서 수업을 들을 수 있다. 대학생처럼 자신이 신청한 과목의 시간표에 따라서 등하교 시간도 달라진다. 지금처럼 9시에 일괄 출석을 하는 것이 아니라 9시, 11시 등 다양한 시간대에 등교가 가능해진다. 학부모와 교사, 학생들에게 매우 생소한 변화일 수 있지만 전 세계의 교육 흐름으로 보았을 때 매우 중요한 변화라 할 수 있다.

미국의 경우 A부터 D까지를 등급으로 놓고 과목마다 교사가 설정한 기준에 따라 성적을 부여하는 절대평가 형식으로 진행한다. 학생 간의 비교가 아니라 각 개인의 학업 성취율에 따라 등급이 다르게 부여된다는 점이 특징이다. 학교에서는 과목별로 교육과정 혹은 강의계획서를 정하여 학생에게 제시한다. 대체로 고정 백분율에 따라 점수를 매기지만 교사에 따라 A~D 등 등급별로 세분화하여 학점을 매기기도 한다.

이렇게 진행할 경우 교사들에게 많은 권한이 주어진다. 대신 공정의무가 함께 주어지기 때문에 이를 어길 때에는 엄격하게 처벌된다. 이에 따라 교사의 전문성이 매우 높을 수밖에 없기 때문에 각 교사의 평가 신뢰도 또한 높은 편이다. 대학에서 시험에 낙제를 받거나 결석을 할 경우 F를 받듯이 장기결석이나 주요과제 누락 시 F를 받을 수 있다. 따라서 미국 고등학생들은 대학 진학에 미치는 영향을 고려하여 학점 취득을 위해 많은 노력을 기울여야 한다.

시험의 경우 중간고사, 기말고사 모두 수업시간에 시행되지만 단순히 시험 점수뿐 아니라 다양한 평가도구를 통해 얻은 점수를 합산하여 점수를 매기게 된다. 수업과 평가의 일관성을 강화하기 위한 장치라고 할 수 있는데, 실제 미국의 학교들은 매 수업이 평가 활동이라고 볼 수 있다. 시험과 퀴즈, 실험, 과제 활동 등이 모두 평가 항목인데, 평가를 통한 결과와 피드백은 학생과 학부모 모두에게 제공되며 이 결과들은 축적되어 기록된다. 역시 대학 입시에 영향을 미치게 된다.

고교학점제는 현재 우리나라의 교육이 근본적인 변화 없이는 전반적인 변화를 기대할 수 없다는 것으로부터 출발하게 된 것이다. 따라서 새롭게 도입될 고교학점제가 그 취지에 맞게 제대로 운영된다면 바람직한 변화를 기대할 수 있을 것이다. 하지만 미국 외 선진국처럼 교사와 학생의 주도적이고 자율적인 교육 환경이 자리 잡기 위해서는 현재 입시나 서열, 그리고 경쟁 위주로 돌아가는 고등학교들의 상황을 보았을 때 먼저 해결되어야 할 과제들이 많다. 고교학점제를 통해 예상되는 고등교육의 변화에는 몇 가지가 있는데 먼저 교육과정에서의 과목 선택권 확대다.

과목 선택권 확대는 제7차 과정에서부터 강조되어온 부분이다. 그러나 학생 개인이 아닌 학급 전체를 중심으로 한 대규모 단위의 선택과목이 개설되어 운영되었기에 개별 적성이나 진로를 위한 교육과정이라고 보기는 어렵다. 그러나 학점제는 학생 개개인의 수준과 적성, 그리고 진로를 고려한 선택과목과 수강이 활성화됨으로써 다양한 선택과목이 개설되고 이를 학생들이 이수할 수 있게 된다.

또 하나의 변화는 학교 교육의 책무성 강화에 따른 교육의 질 제고다. 단위를 기준으로 수업을 할 때는 수업 일수만 충족하면 졸업이 가능하기 때문에 학습의 질 관리가 엄격하게 이루어지지 못한다. 학점제를 시행할 경우 학생 개개인이 졸업을 위해 최소 이상의 성취수준에 도달해야 하기 때문에 학교 측에서도 교육의 질을 높이기 위해 노력할 수밖에 없다. 특정 과목에서 최소 성취수준에 도달하지 못한다면 대학교처럼 재수강의 기회를 주어서 학습의 결손이 생기지 않게 해야 한다.

마지막으로 평가방식의 변화다. 다양한 과목이 개설됨에 따라 소인수 과목이 많아질 것이고, 교외에서 진행하는 수업 역시 평가에 포함되기 때문에 상대평가 체제는 미국처럼 절대평가로 변화될 수 있다. 또 미국처럼 학습의 질을 관리하기 위한 최소 성취수준 설정을 위해 교사의 연구와 역량이 높아질 수밖에 없다.

2025년부터 실시되는 고교학점제

2020년, 고교학점제는 51개의 마이스터교에 우선적으로 도입된다. 그리고 다가오는 2022년, 특성화고에 도입되고 그 이후에 일반고등학교에도 도입될 예정이다. 2025년이 되면 본격적으로 학점제가 시행되어 대한민국 전체 고등학교가 고교학점제로 운영될 것이다. 현재 2020년 하반기에 학점제형 교육과정 개정 및 학사제도 개편안이 제시될 계획인데, 학교의 수업과 평가, 그리고 시설과 문화 등 전반적으로 고등학교에 혁신적인 변화를 일으키기 위해서는 도입 기간이 충분히 주어져야 할 것으로 보인다. 때문에 교육부는 약 10년에 달하는 시간을 두고 이를 도입·실시함으로써 2025년에 고등학교 1학년인 학생이 대학에 진학하는 시점에 맞추어 고교학점제를 완성시키려 한다.

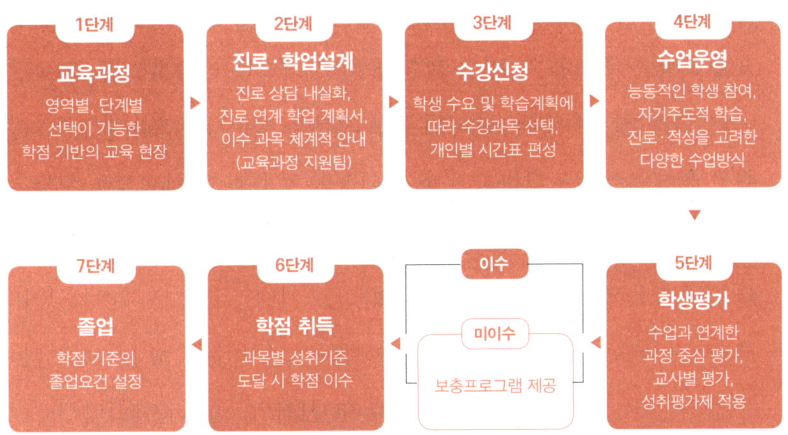

고교학점제 운영방법

1단계: 학교에서는 우선 학습자의 과목 선택권이 보장되는 학점 기반의 교육과정을 편성한다.

2단계: 진로·상담을 통해 학생이 자신의 학업을 설계할 수 있도록 지원한다.

3단계: 학생의 학업 설계 결과와 수요 조사를 반영하여 개설이 가능한 과목을 확정하고, 학생은 개설된 과목 중 원하는 과목을 선택하여 개인시간표를 작성한다.

4단계: 개인시간표에 따라 수업에 참여한다.

5단계: 교사는 석차보다는 학생이 성취 기준에 어느 정도 도달했는가를 평가함으로써 학생의 과목 이수 여부를 결정한다.

6단계: 학생은 이수한 과목에 대한 학점을 취득하게 된다.

7단계: 누적 학점이 졸업 기준에 도달하면 고등학교를 졸업하게 된다.

고교학점제가 시행되면 학교 교육은 학업 설계부터 시작하여 수강 신청, 평가, 학점 취득 등 다양한 단계를 거치며 이루어지게 될 것이다. 학생들은 스스로 짠 학습계획에 따라 희망과목들을 선택해 수업을 듣고, 학교는 이를 위해 다양한 과목을 개설하여 학생 개개인을 위한 맞춤형 교육과정 운영을 준비한다. 물론 고등학교 교육을 통해서 반드시 익혀야 할 내용은 공통과목이라는 이름으로 의무수강과목이 될 것이므로 이를 제외한 범위 내에서 과목을 선택하게 된다. 대신 선택과목은 학생들이 충분한 선택권을 보장받을 수 있도록 학생의 수요를 최대한 반영하여 될 수 있는 한 많은 과목을 개설하도록 할 예정이다. 학생들은 수업 후 평가를 통해 과목을 이수하고 학점을 받는다. 최소 성취수준에 도달하지 못한 학생들의 경우 보충 프로그램과 같은 지도과정을 받음으로써 학점을 이수하고, 그렇게 학생들은 누적 학점이 기준에 도달하면 졸업이 인정된다.

학교현장 정책추진 현황

연구학교	선도학교	일반학교
학점제 도입에 필요한 제도 개선사항 발굴 및 인프라 소요 파악, 공·사립별/지역별 운영 모델 도출	고교학점제 관련 시·도 자율 특색 사업과 연계하여 교육과정 다양화 및 학교 혁신 사례 발굴/확산	학점제 도입에 대비한 고교 전반의 역량 제고 및 저변 확대를 위해 일반고 지원사업 등 강화 (온·오프라인 공동교육과정, 교과중점학교 등)
〔연구학교 현황〕 (1차) 2018~2020년 연구학교 54개교 (일반고 31, 직업계고 23) (2차) 2019~2021년 연구학교 102개교 (일반고 64, 직업계고 38)	〔선도학교 현황〕 (1차) 2018년 선도학교 51개교(일반고) (2차) 2019~2021년 선도학교 252개교 (일반고 178, 직업계고 74)	〔학점제 도입 대비 지원〕 • 학점제 관련 요소를 사업 과제에 반영, 미리 경험 • 고교 교육력 제고 사업을 통해 행정·재정 지원

앞서 2019년에 354개의 학교들이 고교학점제 연구겸 선도 학교로 지정되어 운영되었는데, 이 학교들의 경우 학교에 연구 과제를 부여함으로써 학점제에 가까운 교육과정을 운영하도록 했다. 이렇듯 교육부는 선행 학교들의 사례를 토대로 고교학점제 도입과 시행을 위한 준비에 열을 올리는 중이다. 이러한 고교학점제 연구학교 운영 덕분에 학생들의 학점제에 대한 인식이 개선되었음은 물론이고 학생의 수요를 반영한 개설과목 역시 확대되었으며, 진로 및 학습 지도 역시 강화되는 등 긍정적인 변화가 나타나고 있다.

고교학점제가 본격화되면 학생들은 앞으로 자신에게 필요한 수업을 선택하여 스스로 진로를 개척해나가는, 수동적인 존재에서 벗어난

주도적인 존재로 거듭나게 될 것이다. 또한 교사 역시 학생 개개인의 다채로운 성장을 지원하고 맞춤형 교육에 초점을 둠으로써 배움의 질을 향상시키는 데 집중하는 진정한 학습전문가로 변화될 것이다. 이는 지식을 전달하고 대학 진학을 지도하는 역할에 그치던 교사들이 더 높은 단계의 교육자로 성장함을 의미한다. 학교는 학생의 과목선택권을 보장해야 하기 때문에 교내에서의 교육과정을 넘어 교외에서 행해지는 교육과정까지 편성하고 운영함으로써 이전과는 비교조차 할 수 없을 만큼 확대된 학습 환경을 학생들에게 제공할 것이다.

2007/2009/2015년 교육과정 특징

연도	특징
2007	• 국어/도덕/역사교과서가 국정 교과서 체제에서 검인정 교과서 체제로 변화 • 역사 과목을 사회 과목으로부터 독립하여 시수를 매김 • 초등학교 3~4학년의 과학교과서를 새로 만듦 • 중학교 1학년 수학/영어교과서에서 단계형을 없애고 통합 • 일반선택교과와 심화선택교과를 통합하고, 다양한 선택교과(매체언어, 동아시아사 등)를 신설 • 10학년 과학/역사 과목 수업을 주당 한 시간씩 늘림 • 수학은 수학과 수학익힘책, 영어는 영어와 English Activities로 교과서를 나눔
2009	• 학기당 이수 교과목수를 8개 이하로 축소하고 집중이수제 도입 • 창의적 재량활동과 특별활동을 통합한 개념인 '창의적 체험활동'을 도입 (단위학교 교육과정 운영의 자율성 확대) • 국민공통교육과정 조정 • 학교교육과정 편성·운영 자율성 강화
2015	〔초〕 • 1~2학년의 수업시수가 주당 1시간 증배 • 창의적 체험활동 시간을 활용해 '안전한 생활' 신설 〔중〕 • 자유학기제 2016년부터 모든 중학교에 시행 • 소프트웨어 교육 강화를 위해 정보과목 필수화 • 기초영역에 한국사 추가 〔고〕 • 문·이과 통합 교육과정(문·이과 진로에 관계없이 '공통과목' 도입) • 다양한 선택과목 이수 • 국영수 비중 6단위 감축

변화하는 것과
변화하지 않는 것 ──

〈타임〉지가 선정한 '21세기 리더 100인' 중 유일한 한국인으로 이름을 올렸던 건축가이자 도시계획박사, 국회의원인 김진애 박사는 자신의 저서《왜 공부하는가》에서 "잘 자라는 공부생태계를 만들고 싶다."고 말해 매우 인상적이었다. 학교나 학원 등의 시스템을 만들겠다는 뜻이 아니라 우리 사회 전체를 커다란 공부생태계, 건강한 공부생태계, 활력있는 공부생태계, 멋진 공부생태계로 만들고 싶다는 것이다. 그녀는 MIT에서 공부하면서 그곳을 거대한 공부생태계라 표현하며 비로소 "공부란 정말 멋진 것이구나."를 깨달았다고 한다. 과연 현재 우리의 교육 환경, 공부의 생태계 속에서 우리는 그런 깨달음을 가질 수 있을까. 특히 학생들은 시험과 대학 입시에 치어 일생을 통한 공부의 중요성과 기쁨을 알기도 전에 지쳐 나가떨어진다. '공부'를 하지 않아도 될 날을 기다리면서 '공부해야 하는' 오늘을 참아낸다.

고교학점제의 도입은 건강한 공부생태계를 만들기 위한 첫걸음일지도 모른다. 나의 책《혼자 공부하지 못하는 아이들》에서도 여러 차례 강조하며 이야기했듯 학생이 주도적으로 자신의 공부 계획을 세워나갈 수 있게 만드는 것이 학부모의 최고 역할이며, 그런 학생이 자신의 꿈과 미래의 계획을 좇아 시행착오를 줄이며 나아갈 수 있도록 돕는 것이 교사의 역할이다. 고교학점제는 이러한 주도성이 매우 요구되는 교육 제도이며, 코치를 넘어 퍼실리테이터(뒤에서 더 자세히 이야기하겠지만)의 역할을 하는 질 높은 교사의 자질을 필요로 한다.

현재 특수목적고등학교를 없애자는 의견이 나왔지만 결국 고교학점제는 모든 고등학교가 일명 특목고로 변화되는 계기가 될 것이다. 고등학교 교사들도 대학의 전공 교수들만큼 자신이 맡은 과목에 대한 전문성을 갖추어야만 한다. 특목고와 자사고의 교사들처럼 말이다. 실제로 이 학교에서는 우수한 교사들을 선발하여 학생들에게 깊이 있는 교육을 가능하게 하고 있다. 고교학점제의 도입은 고교의 진정한 평준화를 위한 한 걸음이라고 볼 수 있다.

이에 따라 사교육의 변화도 무시할 수 없다. 여태까지는 억지로 사교육을 줄이기 위한 방책으로 교육 제도가 시행되었다면 이제는 사교육과 공교육이 가지는 고유성을 토대로 공존하는 방법을 모색하는 것이 현명하다. 사교육을 줄이려 할수록 오히려 강화되는 역효과를 우리는 긴 세월을 통해 경험해왔다. 심리치료나 최신 기술을 적용한 교육 시스템 등은 사교육이 높은 효율성을 보일 수 있는 분야이므로, 공교육이 이를 도입하여 학생들의 성취도를 높일 수 있는 방안을 생각하는 것도 방법이다. 선진국에서는 이미 공교육과 사교육의 역할을 분담하여 효율적인 시스템 운영을 하고 있다.

이제 우리는 과거의 단편적 교육을 넘어 미래가 요구하는 융합형 인재를 길러내기 위한 융합교육을 향해 나아가고 있다. 문과와 이과를 통합하고 고교학점제를 도입하는 것이 그 시발점이다. 수학적 사고, 언어의 문해력을 두루 갖춘 융합형 인재는 미래가 가장 필요로 하는 인재상이다. OECD 국가 대상 2030년의 미래 학습자가 갖추어야 하는 네 가지의 영역으로 첫 번째는 문해력을, 두 번째는 수리력을, 세 번째로는 데이터에 대한 이해력(데이터를 해석하는 능력. 도표 해석. 논술시험에서 제일 많이 나오는 게 도표이다. 통계 도표를 보고 해석하고 분석할 줄 알아야 한다)을, 마지막 네 번째로는 디지털에 대한 이해력(코딩)을 순위 매겼다고 발표했다.

문해력이 1순위인 이유는 의사소통과 문제해결력의 중요성이 그만큼 높기 때문이다. 다가오는 미래에는 독해력과 문해력, 그리고 수리력의 삼박자를 갖추는 것이 매우 중요하다. 때문에 융합교육을 기본으로 고등학교에서 공부한 후 대학에 진학하고, 그다음 전공 과정을 밟으면서 깊이 있는 공부를 하는 교육 방식으로 가야 한다. 대학과정역시 계열별로 학생들을 모집하여 1학년부터 2학년까지는 교양과목만을 배우며 전공을 탐색하는 시간을 갖고, 3학년 이후부터 전공과목에 본격적으로 들어가는 것이 바람직한 방식이다. 카이스트 학생들이 대학에서는 모든 과목을 공통적으로 배운 뒤에 대학원에 진학하여 전공에 들어가는 것처럼 말이다.

인간의 진화에는 언제나 교육이 함께 했다. 그리고 커다란 변화, 중요한 변화 앞에서는 늘 먼저 해결되어야 하는 많은 과제들이 존재했다. 교육과 관련된 모든 기관과 사람들은 다가오는 변화에 발을 맞추느라 급급할 것이 아니라 그 변화의 본질과 취지 자체를 읽으려는 자세가 필요하다. 즉 학교와 교사, 학생과 학부모, 그리고 사교육자까지 모두가 변화의 진정한 의미를 알고 거기에 대응해야 한다. 융합형 인재를 양성하기 위해 우리는 입시 위주의 교육에서 벗어나 진정한 교육으로 변화하기 위한 시간표를 눈앞에 두고 있다. 코로나19는 지구상의 모든 사람들의 삶에 큰 영향을 끼치고 있다. 삶의 형태를 바꾸어버리는 이러한 시대 속에서도 변하지 않는 것이 있다면, 그건 바로 사람이라는 존재다. 인류는 좀 더 진화된 존재로서 앞으로도 질 높은 삶과 더 큰 행복을 추구하며 노력할 것임에 틀림없다.

입시제도의 변화

우리나라는 해방 이후, 정부의 결정 또는 학교와 시민들에 의해 입시제도에서 많은 개정과 개혁이 이루어져 왔다. 우리나라 국민들의 교육열은 과거로부터 지금까지 그 열기가 식을 줄 모른다. "누구나 열심히 공부하고 노력하면 성공의 사다리를 탈 수 있다."는 믿음 때문이다. 자수성가를 이룬 많은 사람들 중 흙수저 출신이다. 그들은 가난을 딛고 아무런 배경도 없는 환경 속에서 이를 악물고 배우고 세상에 뛰어들어 성공을 거두었다. 그들을 보며 너도나도 "저렇게 될 수 있다."는 희망을 갖게 되었다. "공부 열심히 해야 해!"라는 말에 "왜요?"라고 질문하면 대부분의 부모가 이야기한다. "성공해야지!" "커서 훌륭한 사람이 되어야지!" "대체 커서 뭐가 되려고 공부를 이렇게 안 하니?"…. 김진애 박사의 말처럼 공부는 우리 개인의 욕구가 실현되고 삶의 이치에 가까워져 행복하게 되는 데 그 목표가 있지만 우리나라 공부는 대부분 성공에 그 초점이 맞춰져 있다. 수단, 방법과 상관없이 결국은 '시험 점수'에 목을 매는 것도 그 때문이다.

그에 따라 공정성과 학업 성취도를 높이기 위한 여러 입시제도가 시행되었는데, 해방 이후부터 1968년까지는 대학별 단독시험으로 치러졌다. 그리고 그 후인 1969년, 예비고사가 도입되었다. 대학 정원이 늘어났을 뿐만 아니라 특권층의 부정입학 논란이 터졌던 것이다. 그래서 예비고사를 먼저 본 뒤에 대학별 자체로 본고사가 실시되었다. 시간이 흐르면서 사교육이 새로운 문제로 떠올랐고, 과외 금지 조치가 시행되며 졸업정원제가 적용되었다.

이후 1982년, 본고사가 폐지되고 객관식 문제로 이루어진 학력고사가 시행되었고 1994년에는 대학수학능력시험이 시작되었다. 대학수학능력시험은 학력고사에는 없던 주관식 문항이 도입되었고, 문제들 역시 통합적 사고력과 응용력을 중시하는 문제들을 위주로 출제되었다. 2002년에는 수능시험이 수시와 정시로 분리되고 논술과 면접의 비중이 크게 늘어났으며, 2004년에 입학사정관제 도입을 발표하고(입시 해당 학년 3년 전에 공식 발표하는 대입 3년 예고제 적용) 2007년도에 도입되어 학생들을 다양한 입시전형으로 선발하기 시작했다. 그리고 시간이 흐름에 따라 학생부와 수능, 논술, 면접, 적성고사가 병행되면서 입시전형의 복잡성이 늘어나기 시작했다. 이처럼 우리나라의 대입제도는 수차례의 변화를 겪으며 오늘날까지 오게 되었다.

입시제도의 쟁점은 학생 선발에 대한 전권을 대학이 가지느냐 아니면 국가가 그 기준을 통제하느냐로 요약이 가능하다. 수능세대라는 신조어를 만들어낸 대학수학능력시험, 이 수능제도의 도입으로 가장 새롭게 시행된 것이 바로 복수지원제였다. 대학에 지원하는 것 자체가 제한적이었던 과거와는 달리, 이제는 학생들이 여러 군데에 지원을 하고 최종 합격이 된 학교 중에서 선택하여 입학할 수 있게끔 완전히 바뀐 것이다. 그렇게 대입제도로 확실하게 자리매김하게 된 대학수학능력시험제는 약간의 개편만이 이루어지며 오늘까지 시행되어 오고 있다.

1945~2020년 대학 입시의 흐름

연도	주요 변경 내용	세부 내용	
1945~1968	대학별 단독고사	• 대학별 고사 시행 • 대학 정원 급등 • 특권층 부정입학 논란	
1969~1981	대학입학예비고사	• 국가 예비고사와 본고사 시행 • 선 시험, 후 지원제도	
1982~1993	대학입학학력고사	• 본고사 폐지, 학력고사 시행 • 4지선다형 객관식 출제 • 원서접수 눈치작전 성행	
1994~2020	대학수학능력시험	• 대학수학능력시험 • 주관식 문항 도입, 통합적 사고력 중시 • 2002년 수시/정시 분리 • 논술면접 비중 확대	1994 연 2회 진행(8월, 11월) / 4교시 200점 1995 연 1회 진행 / 수리탐구 1, 2계열별 시행 1996 영어듣기 문항 확대(10문항) 1997 4교지 400점으로 확대 / 영어듣기 17문항 1999 수리탐구2 선택 과목제 도입(표준점수 사용) 2001 제2외국어 영역 추가 2002 총점제 폐지(5개 영역 종합등급, 영역별 점수 제공)
2008~2020	입학사정관/ 학생부종합전형	• 학생부, 논술, 면접, 수능 병행 시행 • 입시 전형 복잡성 증대 • 2004년 입학사정관이 학생부종합전형으로 변경	2008 등급제 실시(영역별 등급만 제공) 2009 등급제 폐지(영역별 표준점수, 백분위 병행 표기) 2011 영역별 수능문제 EBS와 연계(70%) 2012 탐구 영역 선택 최대 3과목 제한 2014 국어, 수학, 영어 선택형 시행(A, B형) / 탐구 2과목 2015 영어 선택형 폐지 2017 국어 선택형 폐지 / 한국사 필수과목 지정 2018 영어 영역 절대평가제 도입

작년에 각 대학에서 입학전형 시행계획을 발표했기에 2021년에 고등학교 3학년들이 치를 입시에는 큰 변화가 일어나지 않을 예정이다. 정시 모집인원이 0.3% 증가하고 그만큼 수시 인원이 감소하게 된 정도랄까. 다만 정시 모집인원 전체를 보지 않고 주요 대학만을 중점으로 본다면 정시의 증가가 두드러지는 것이 사실이다. 반대로 수시를 보자면 이슈가 되었던 학생부종합전형이 0.4%로 늘었으며 교과와 논술전형이 줄어들었다. 이에 대한 결과는 대학에 따라 차이를 보이는데, 서울 소재의 주요 대학들을 살펴보자면 연세대, 고려대, 이화여대, 경희대, 한국외대, 동국대, 성신여대, 서울과기대는 수시모집의 비율이 감소했으며 반면에 홍익대, 숙명여대, 가톨릭대는 수시모집의 비율이 증가했다. 수시모집 전체의 비율을 보자면 서울대 77.6%, 고려대 81.2%, 성균관대 68.4%, 중앙대 68.7%, 경희대 70.3%, 동국대 68.2%, 숙명여대 69.9%, 가톨릭대 70.7% 등이며 유의해야 할 점은 수시의 비중이 변함없이 매우 높다는 것이다. 학생부종합전형에 영향을 끼치는 비교과 활동 기재나 자소서 및 추천서 기재 내용의 검증, 그리고 고교프로파일의 활용 금지 정도가 변화된 부분이라 할 수 있다.

변화다운 변화는 2022학년도부터 일어날 것이다. 고2 입시제도에 해당하는 2022학년도 대입전형 내용을 보면 큰 변화가 예정되어 있음을 알 수 있다. 주요 대학들의 정시 비중이 40%까지 증가할 것으로 예상되며, 수시에서는 적성고사가 폐지되고 논술고사와 특기자전

2021~2024년 입시제도의 변화

구분	2021	2022	2023	2024
수능 비중 확대		16개 대학의 정시 비중 40% 이상 권고 (2022학년도 조기달성 유도)		16개 대학의 정시 비중 40% 이상
특기자전형/ 논술전형		재정지원사업과 연계하여 폐지를 유도 (적성고사는 2022학년도부터 폐지)		
사회통합전형 확대	사회통합전형 법적 근거의 마련	사회적배려대상자 선발 비중 10% 이상 의무화, 지역균형 선발 비중 10% 이상 권고		
학생부비교과 축소	기재금지사항의 검증 강화	학생부 기재항목 축소 (소논문 기재 금지, 수상경력 대입 제공 제한, 자율동아리 기재 제한)		정규교육과정의 비교과 활동 대입 반영 폐지
자기소개서	기재금지사항의 검증 강화, 불이익 조치의 철저 이행	문항 및 글자 수 축소		폐지
교사추천서		폐지		
고교/교원 책무성 강화		학생부 신고센터 운영, 교과세특 기재표준안 보급		
학종 운영의의 투명성 강화		고교정보 블라인드 확대, 고교프로파일 폐지, 평가기준 공개 양식의 개발, 대입정보 공개 강화, 외부 공공사정관의 평가 참여, 학생부종합전형 운영 가이드라인 내실화		
학종 운영의의 전문성 강화		입학사정관 정보의 공시, 입학사정관 공통교육과정 개발, 입학사정관 교육시간 강화(신임/경력 모두 40시간)		

형은 지금보다 더 감소할 것이다. 사회적배려대상자와 지역균형인재, 즉 사회통합전형의 선발 비율은 증가할 것이다. 이런 변화로 인해 학생부종합전형과 연관이 있는 비교과 활동 기재항목 축소나 자기소개

서 문항 및 글자 수 축소, 그리고 교사추천서 폐지는 학생들의 부담을 줄여주겠지만 대학 입장에서는 지원자를 보다 세밀하게 평가해야 하는 부담을 안게 된다.

교육부에서 공식 발표한 바에 따르면 2024학년도에는 대입 전형을 단순화하여 대입준비의 부담을 완화하겠다고 한다. 이는 즉 현재 중학교 3학년인 학생들이 더 크게 변화된 입시인 2024학년도 입시를 치르게 될 것임을 의미한다. 주요대학의 수능비중 40%는 2022학년도 정시 비율 30% 이상의 연장선이다. 그리고 이는 곧 특기자전형과 논술전형, 그리고 자소서가 폐지 혹은 대대적으로 축소될 것임을 예고하는 것이다. 2024학년도 입시에서 정시는 2015년 개정교육과정의 출제범위가 본격적으로 적용되는 2022학년도와 같은 방식의 수능으로 치러질 것이며, 수시(교과+비교과)는 학생부전형을 중심으로 사회통합전형이 뒷받침될 것이다.

2028년도에는 고교학점제가 전면 시행될 예정이므로 현재 초등학교 5학년은 그 변화의 중심에 서게 된다. 미래 사회에 필요한 역량 평가방식 및 고교학점제 등 교육정책을 종합적으로 반영한 새로운 수능 체계가 2021년에 마련될 예정이며, 현재 논·서술형 유형뿐만 아니라 미래 역량을 평가할 수 있는 방법을 다각적으로 검토하고 있다. 따라서 수시·정시 통합을 포함하여 대입제도에 큰 변화가 있을 것으로 예측된다.

사교육 흐름의 변화

교육 당국이 매년 당면하는 숙제는 무엇일까? 바로 공교육의 질적 수준을 높이고 사교육의 의존도를 낮추는 것이다. 그러나 여전히 사교육비 지출은 줄어들지 않고 있다. 〈SKY 캐슬〉에서 본 것처럼 사교육의 강도와 수위는 점점 더 세지고, 또 높아지고 있다. 이는 곧 학부모들이 원하는 양질의 교육이 공교육에서 이루어지고 있지 않다는 반증이다. 고교 유형 단순화나 대입 정시 확대와 같은 정책들은 여전히 논란 속에 있으며, 정책변화를 통해 일어날 교육 현장의 안정화는 단기간에 이루어질 일이 아니므로 최소 수년의 시간이 요구될 것으로 보인다. 때문에 학부모들은 그들의 불안감을 사교육으로 해소할 수밖에 없는 것이 현실이다.

디지털화를 넘어 에듀테크 기업으로의 성장 ——

　2016년에 연간 출생아 수 40.6만 명을 기록한 뒤로 우리나라의 출생아 수는 매년 감소하고 있다. 2019년에는 30.3만 명이었으며, 2020년에는 27만 명 수준으로 하락할 것으로 점쳐진다. 이는 곧 학령 인구가 감소하고 있다는 뜻과 같다. 이러한 추세에도 불구하고 1인당 월평균 사교육비는 매년 증가하고 있다. 2019년에 기록된 월평균 사교육비는 32.1만 원으로 전년 대비 약 3만 원이나 늘어난 수치다. 2019년 사교육비 총액은 약 21조 원이었으며 이는 전년도인 2018년의 19조 5천억 원과 비교했을 때 1.5조 원 증가한 수치다. 우리나라의 학부모들의 남다른 교육열은 인구감소와 상관없이 더 불타오르고 있는 셈이다.

　사교육에서 행해지는 열의는 비단 영어나 수학 같은 주요 과목의 선행학습에서뿐 아니라 체육과 미술, 음악 등의 예체능교육에서도 꾸준히 증가하는 추세를 보인다. 특히 초등학생의 경우, 영어 학원만큼이나 필수 과목으로 자리 잡은 것이 예체능학원이다. 이런 현실로 인해 기존의 교육기업들은 자신들의 강점을 토대로 연령층의 확대 혹은 새로운 기술을 기반으로 한 콘텐츠와 서비스를 제공하기 위해 노력하고 있으며, 이를 위한 적극적인 투자도 과감하게 이루어지고 있다.

　대형 입사학원을 기반으로 한 교육서비스 기업들의 경우, 종합 교육기관으로 변화하기 위해 유아부터 성인 평생교육까지 아우르려 하고 있으며, 무엇보다 인터넷을 바탕으로 한 교육서비스를 중심으로 연령대를 확장하고 해외에 진출하려는 등 사업 확장 전략을 추진 중에 있다.

아래는 이미 우리가 잘 아는 대형 사교육 기업들이 제공 중에 있거나 제공 예정에 있는 교육서비스들을 요약한 것이다.

1 초등 대상 인터넷 강의 브랜드 런칭. 아이튜터 서비스를 통해 태블릿 PC의 화상카메라를 이용한 온라인 대면 학습관리 서비스 제공.

2 고등 입시교육 서비스에서 최근 유아동 디지털 학습지 브랜드에 대한 투자를 통해 유아교육 시장까지 진출.

3 영단기, 공단기 등 성인 평생교육 서비스를 제공하고 있는 한 기업은 초등교육, 유아교육까지 그 서비스 범위를 확장.

4 방문교육 기반의 대형 학습지 업체들은 인공지능(AI) 및 증강·가상현실(AR·VR) 등의 에듀테크 기술에 대한 투자가 활발.

5 내부 연구부서를 통한 인공지능(AI) 기술연구 및 외부 스타트업과의 협력 및 투자 등의 오픈 이노베이션을 통해 적극적인 인공지능 상품 및 서비스 사업화를 추진. 특히 스타트업 발굴 및 육성 전문 액셀러레이터와의 제휴를 통해 스타트업에 대한 지속적이고 전문적인 투자와 사업 시너지 창출을 모색.

6 최근 실리콘밸리의 한 에듀테크 기업에 전략적 투자를 실행하고, 교육용 AI 딥러닝 알고리즘 개발 및 인공지능 서비스 개발

을 위해 관련 전문가 영입 및 내부 전문 부서를 운영 중.

7 미국에서부터 인정받은 노리(KnowRe)라는 스타트업에 투자, 인수한 후 수학 제품을 런칭하고 매출 성장을 실행 중이며, 또한 학원전문 서비스 플랫폼 기업 인수를 통해 방대한 학원 빅데이터와 대교 AI 플랫폼과의 시너지 효과를 기대 중.

8 기존 방문교육 제품 시리즈에 라이브 화상수업을 연계하여 캐릭터가 방문교사 역할을 하며, 화상수업을 통해 학습효과를 높이고 다양한 디지털 콘텐츠 기반의 플랫폼 서비스를 제공하기 위한 실행을 진행 중.

방문교육 시장은 계속해서 하락세를 보이고 있는데, 이는 가정방문을 선호하지 않는 부모세대의 증가와 코로나와 같은 사회문제, 그리고 직업적인 면에서 방문교사에 대한 낮은 선호도가 주된 원인이다. 상황이 이렇다 보니 방문교육 기업들은 새로운 교육 콘텐츠와 서버, 플랫폼을 개발하는 데 총력을 기울이고 있으며, 이에 따라 디지털화, 모바일 기반 서비스, 인공지능, 가상현실 기능을 적극적으로 활용하는 방안으로 사업의 방향을 잡아가고 있다. 향후 2~3년 내에는 에듀테크 기업으로의 성공적인 변화를 이룬 기업과 그렇지 않은 기업 간의 성장 차이가 두드러질 것이다.

단행본이나 전집 같은 출판시장 역시 점차 축소되고 있다. 도서 정가제의 도입도 큰 몫을 했고 유통구조 또한 한계를 벗어나지 못하는 실정이다. 또 e북 시장이 커지고 디지털화에 따른 콘텐츠 형태의 변화도 큰 영향을 미쳤다. 카카오의 경우, 카카오키즈를 통하여 디지털 영상을 기반으로 한 콘텐츠를 판매하고 오프라인 출판물과 연계되는 영상과 출판물 패키지 상품 판매를 늘려가고 있다. 만약 카카오키즈와 같은 모바일을 기반으로 한 플랫폼이 콘텐츠 유통의 역할로 확장된다면 기존의 오프라인 유통채널을 중심으로 하는 출판시장의 경쟁력은 더더욱 떨어질 수밖에 없다. 모바일에서 고객 서비스 만족도가 높아진다면 그만큼 디지털 콘텐츠의 유통과 고객 사용성은 더욱 강한 경쟁력을 확보하게 된다.

4차 산업혁명과 코로나 이슈는 교육 시장에 큰 변화를 불어왔다. 다양한 기술을 접목하여 상품을 개발해내고, 새로운 서비스 확대에 가속화를 가져왔다. 교육산업은 디지털 기술의 도입이 가장 늦은 산업 중의 하나였으나 코로나 이슈로 인해 고객들은 주머니를 열고 받아들이기 시작한 것이다. 이에 따라 정부는 기술기반의 스타트업을 적극 지원하여 활성화하려는 노력을 기울이고 있고, 이들이 보유한 신기술을 교육 콘텐츠 쪽으로 결합시키는 데 집중하는 추세다. 재미를 넘어 효과적인 면에서까지 기존의 교육서비스를 대체할 수 있도록 총력을 기울이고 있다.

자기주도학습이 더욱 요구되는 온라인 원격수업

코로나 사태로 인해 학교에서 역사상 초유의 원격수업이 진행되고 있다. 줌(Zoom) 등 기존에 특정 분야, 업종, 상황의 사람들이 주로 사

용했던 앱이나 다양한 원격 시스템 도구들을 활용하는 유저들이 기
하급수적으로 늘었다고 한다. 오프라인 대면 교육의 보조수단 정도로
만 활용되었던 원격수업이 이제는 미래교육의 한 방식으로 발전될 것
으로 보인다. 그러나 현재의 원격수업은 교육 양극화 문제가 높아 보
인다. 최근에 행해지고 있는 재택 원격수업은 교실 내에서 교사가 수
업을 이끌며 바로바로 피드백 해주던 효과를 제대로 구현하지 못하고
있기 때문이다. 게다가 스마트기기의 이용은 수업을 듣는 데에 방해
가 된다는 문제도 따른다. 그러므로 이러한 문제점들이 빠르게 개선
되지 못한다면 학부모들은 역시나 사교육을 통하여 자녀들에 대한 불
안감을 해소하려 할 것이다.

　무엇보다 온라인 교육이 가진 강점은 유연한 교육과정 설계와 제
공이 시공간을 넘나들며 가능하다는 점이다. 이런 장점을 극대화하기
위해서는 디지털 기술과 디지털 콘텐츠의 상호작용 기술이 필수적이
다. 현재 시행되고 있는 원격수업은 일시적 수단으로 그치지 않을 가
능성이 높으므로, 시작의 혼란을 이겨낸다면 새로운 학습 도구이자
학생 개개인의 맞춤화 교육이 가능한 학습수단으로 자리 잡게 될 것
이다. 전 세계의 아이들이 화상 수업을 통해 한 화면에서 같은 주제를
두고 토론하고, 교사는 디지털 기술을 활용함으로써 더욱 다양하고
창의적인 활동이 가능한 콘텐츠들을 제작해 활용하는 것이 가능한 환
경이 조성되었다. 자기주도적이고 적극적 협력은 아이들의 학습역량
을 더욱 높이고, 성장시킬 수 있는 기반이 될 수밖에 없을 것이다.

　교육정책은 정권이 바뀔 때마다 큰 변화를 겪어왔다. 고교학점제는

현 정부 체제에서 그 영향을 십분 발휘하고 있다. 잊지 않아야 할 핵심은 자기주도학습 역량을 높이는 것이다. 학생 스스로가 자신이 나아갈 진로를 발견하고, 거기에 필요한 학습을 선택하고 계획하여 개인의 수준에 맞는 성취를 이루어내는 것이다. 그리고 기술의 발전과 개인 맞춤화 교육을 위한 학습체계들은 학생들의 이러한 역량을 강화하는 데에 있어 중요한 밑거름이 될 수 있을 것이다.

다양성이 필요한 시대가 왔다. 교육정책은 물론 사교육 역시 이러한 기조 속에서 다양한 학습 기회를 제공하기 위해 바빠질 것이다. 사교육은 공교육이 채워주지 못하는 부분을 보완해주는 역할이므로 결국에는 입시제도와 전반적인 교육 흐름의 변화에 발맞춰 갈 수밖에 없다. 사교육이 입시제도에 민감할 수밖에 없는 이유다. 고교학점제 이후 급변하는 환경에서 사교육이 어떤 전망을 내놓을 것인지 주목된다.

지금도 이미 바뀌고 있는 상황이지만 선행학습부터 많이 바뀌게 될 것이다. 나는 이미 20년 전부터 진학이 아닌 진로를 핵심으로 놓고 학생 개개인, 학부모를 대상으로 1:1 상담을 해왔는데, 앞으로 이런 부분이 더욱 강화될 것이며 결국 이것이 사교육의 방향이 될 것이다.

공부는 반드시 아날로그 방식이 바탕이 되어야 한다. 아무리 교육 시스템이 바뀌고 입시제도가 바뀐다 해도 가장 본질적이고 흔들리지 않는 것은 공부에 대한 멘탈이고, 이 멘탈은 아날로그 방식이 바탕이 되지 않는다면 절대 키워지지 않기 때문이다. 즉 주도적인 학습 습관과 나만의 공부 방법을 위해 스스로 많은 시행착오를 겪어보고 학(學)보다는 습(習)의 비중을 높이는 것이 반드시 필요하다.

언택트 시대, 미래교육의 방향

－성남효성고등학교 교사 홍현선

코로나19 사태로 개학이 거듭 연기되면서 아이들은 온라인을 통해서만 만나왔습니다. 그렇게 교정의 벚꽃이 소리 없이 지고 5월의 푸르름이 운동장에 가득해져서야 마침내 아이들을 맞이할 수 있었습니다. 열화상 탐지기가 설치된 중앙현관으로 한 명 한 명 들어서는 아이들을 맞이하는데, 처음 발령받고 아이들을 만났을 때처럼 설레고 반가웠습니다. 학년별 격주 등교라는 초유의 상황이 벌어진 지금 학생들은 자연스럽게 열화상 탐지기를 통과하고 마스크를 쓴 채 대면 수업을 하며, 집에서는 자신에게 가장 알맞은 리듬을 찾아 실시간으로 온라인 수업을 듣고 있습니다. 온라인 수업을 진행하면서 느낀 점은 학생들이 온라인과 디지털 영상으로 하는 소통에 익숙하여 잘 적응하고 있다는 것입니다.

전면 도입된 온라인 수업은 학생의 학습 모습뿐만 아니라 교사의 고정관념과 교사 커뮤니티 활동도 변화시켰습니다. 그동안 학교 현장에서 모든 학생을 대상으로 하는 온라인 수업은 불가능하다고 막연하게 생각하고 있었는데, 코로나 사태는 4차 산업혁명에 의한 사회 변화를 단숨에 학교 현장에서 이루어질 수 있도록 했습니다. 개학이 연기되면서 갑자기 온라인 수업이 결정된 후 처음 일주일은 혼란과 분주함으로 정신없이 지나갔습니다. 온라인 수업 역량을 강화하기 위한 각종 연수가 쏟아져 나왔고, 수많은 회의를 통해 기술적인 부분에 대한 정보 교환이 이루어졌습니다. 강의 영상을 녹화하고 편집하는 방법, 플랫폼 사용 방법 등 평소 익숙하지 않은 것들을 하나씩 습득해 나갔습니다. 그리고 결과적으로 모든 교과에서 구글 미트(Meet), 줌(Zoom), 마이크로소프트 팀즈(Teams) 등의 원격수업 플랫폼을 새롭게 도입하여 수업에 활용하게 되었습니다. 아직은 서투르지만 교사들은 상호작용을 통해 학생들이 스스로 사고를 확장할 수 있는 진정한 온라인 수업을 디자인하기 위해 노력하고 있습니다.

코로나 사태 이후로 교사 커뮤니티 활동도 더욱 활발히 진행되고 있습니다. 동료 교사의 원격수업을 참관한 후 수업 사례 나눔 활동을 하고 학습공동체 소그룹 모임을 쌍방향 콘텐츠로 진행하여 온라인 수업 운영 노하우를 공유하며 강의 동영상과 과제 제시에 대한 피드백을 주고받습니다. 또한 학교별로 온라인 수업에 익숙한 교사들이 자발적으로 지원팀을 구성하여 정보를 제공하고 기술적 부분을 점검해 주고 있습니다. 코로나 사태로 인해 임시방편으로 갑작스럽게 시작된 온라인 수업이지만 교사들은 긍정적 마인드로 서로 협력하고 배려하며 함께 발전해 나가고 있습니다.

• 온라인 수업의 긍정적, 부정적 측면

사실 온라인 수업은 긍정적인 요소가 많습니다. 평소 내성적 성향의 아이들은 질문하거나 의견을 표현하는 데 있어 소극적이었는데, 온라인 수업에서는 비공개 댓글이나 쪽지 등을 통해 교사와 편안히 소통할 수 있습니다. 대면 수업에서는 질문할 타이밍을 놓치거나 수업시간이 지나가면 다시 질문하기가 어려운데 온라인 수업에서는 모르면 다시 돌려 볼 수도 있고 비공개 댓글로 언제나 궁금증을 해소할 수 있습니다. 온라인 수업에서는 학생과 교사가 컴퓨터로만 연결되어 있을 뿐 공부하는 시간과 장소, 방법은 상관이 없습니다. 자기주도성과 탐구역량에 따라 성취 속도가 달라지며 네트워크로 연결된 모든 사람과 관계를 맺을 수도 있습니다. 이런 과정에서 학생들은 자신의 배움을 확장시킬 수 있습니다.

하지만 부정적인 면도 있습니다. 학교별로 온라인 수업 활용 역량이 다르고 가정의 경제력 차이, 재수생과의 불공정 경쟁 요인 등 입시에서의 상대적 유불리에 따른 불안감이 표출되고 있습니다. 또 온라인 수업으로 인한 학교에서의 비교과 활동이 부족하고, 느슨한 면학 환경으로 학습 누수가 발생하기도 했습니다. 온라인 수업은 학생의 컨디션에 따라 집중력이 저하될 수도 있고 대면 수업과는 달리 스스로의 힘만으로 온전히 수업 과정을 통제해야 한다는 부담이 있습니다. 무엇보다 자기 스스로 계획하고 실천하는 데 능숙한 자기주도학습 역량이 있는 학생과, 교사의 관리가 없는 상황에서 스스로 관리하는 능력이 부족한 학생 간에 학력 격차가 심화될 것입니다.

• 미래교육 방향: 교사와 학교의 역할

4차 산업혁명으로 정보통신기술이 교육환경까지도 영향을 미치고 있습니다. 거꾸로 교실(플립 러닝, Flipped Learning), 디지털교과서 등을 활용하는 에듀테크는 누구나 시간과 장소에 구애받지 않고 수업을 듣게 해주며 학생별 맞춤 교육과 풍부한 학습자료를 제공해줍니다. 학생의 흥미와 수준을 고려하여 개인별 특성에 최적화되어 있고 학생 주도적으로 개별 학습이 가능합니다. 그러나 디지털 기기는 학습용 이외에도 다양한 용도로 활용되어 학생들의 주의산만이나 중독으로 이어질 수도 있기 때문에 학습동기가 강하고 학습능력이 뛰어난 자발적인 학생에게만 효과적일 뿐, 대다수 학생은 오히려 역효과를 불러일으킵니다. 교육에서는 지식의 전달 및 습득보다 교사와 학생, 학생과 학생들 사이의 관계와 상호작용, 학습동기의 중요성이 갈수록 커지고 있습니다. 외부적 동기는 주변의 평가와 영향에 흔들릴 수밖에 없으므로 학생 스스로 공부를 하기 위한 내면적 동기를 찾는 것이 무엇보다 중요합니다. 이를 위해 교사는 온라인 수업을 통해 동기부여와 학생들과의 상호작용을 유도하고 안내자와 조력자의 역할을 해야 합니다. 4차 산업혁명과 더불어 교사의 역할은 학생들이 미래를 주도적으로 창조할 수 있도록 준비시키는 것입니다.

그리고 학교는 온라인이든 오프라인이든 아이들이 스스로 해결할 수 있는 힘을 키워주는 곳입니다. 온라인 수업에서도 충분히 학생들에게 역할을 부여하고 협력 학습을 할 수 있으며 자발적인 배움을 일어나게 해서 삶에 필요한 미래 역량을 키울 수 있습니다. 온라인 수업과 대면 수업의 장점을 병행한 새로운 형태의 블렌디드 수업으로 온라인과 오프라인의 공간과 시간을 연결하여 자유자재로 교육 활동이 일어날 수 있다면 '학교'라는 존재는 더욱 빛을 발할 것입니다.

블렌디드 수업을 준비하며 평가의 방법도 고민해야 합니다. 고등학교에서는 대입에 반영될 교과 성적을 평가해야 해서 염려되는 부분이 많습니다. 온라인 수업과 대면 수업을 병행하는 블렌디드 수업에서는 학생 개인의 학습 도달 정도를 확인하고 피드백으로 학생의 배움을 이끌어나가는 일이 매우 중요합니다. 학생의 자기주도성과 성취 정도는 온라인 수업에서의 형성평가와 대면 수업에서의 수행평가로 평가할 수 있습니다.

온라인 수업에서도 충분히 자기주도성, 문제해결력과 탐구력, 성실성을 평가하고 피드백할 수 있습니다. 자기주도성을 갖춘 학생이라면 스스로 계획을 세우고 실천함으로써 온라인 수업에서도 능력을 발휘할 수 있습니다. 문제해결력과 탐구력을 갖춘 학생이라면 교사가 내준 과제를 해결하면서 인터넷을 이용하여 더욱 깊이 탐구하거나 온라인에서 공통된 관심사를 가진 친구들과 동아리를 만들어 탐구 활동을 진행할 수도 있습니다. 마지막으로 열심히 출석하고 과제를 완료하는 것으로 성실성을 평가할 수 있습니다.

앞으로 학교는 코로나 사태가 아니더라도 원격수업과 등교수업이 반복되는 블렌디드 수업이 진행될 것입니다. 교사는 블렌디드 수업 운영에 따른 학교 간 수업 격차, 학습 공백을 최소화하기 위해 내실 있는 수업을 개발하고 원격수업과 학생평가의 연계성을 더욱 강화하기 위해 고민해야 합니다. 또한 판서 중심의 수업을 디지털 기반 수업으로 전환하고 학생과의 의사소통이 활발한 실시간 쌍방향 수업의 비중을 점진적으로 높여 온라인 수업과 등교수업의 장단점을 최대한 활용해야 합니다. 학교는 원격수업으로 인한 학습결손에 대한 민원을 해결하고 원격수업 환경 격차를 해소하기 위한 재정적 지원을 모색해야 합니다. 이렇게 교육 현장에 있는 모두가 힘을 합쳐 불가능한 영역 앞에서 멈추지 않고 가능성에 집중하여 새로운 영역을 넓혀나가야 할 것입니다. 지금 이 순간에도 교사들은 '설렘'을 기억하며 아이들이 무한한 세상을 훨훨 날아갈 수 있도록 힘을 내고 있습니다.

S
C
K
C
H
DOUBLE LETTER SCORE
O
O
T
E
L
DOUBLE WORD SCORE
DOUBLE LETTER SCORE

DOUBLE WORD SCORE
DOUBLE WORD SCORE
R
N
E
A
T
M
A
D
SCORE
TRIPLE WORD

Part 2

2021~2022
교육트렌드 전망

Revolution

코로나19의
4차산업 가속화

몇년 전부터 '4차 산업화'에 따른 다양한 변화를 예측하는 수많은 이야기들이 이슈가 되었다. 설마 우리의 삶이 그렇게 변할 것인가 하는 반응도 있었고, 이미 AI로 대체되고 있는 다양한 업무 분장을 경험한 기업들은 이 이슈들을 조금은 가깝게 느끼는 듯했다. 그런데 우리에게 4차 산업화라는 말을 피부로 와 닿게 한 일이 있었다. 바로 알파고 대 이세돌의 '딥마인드 챌린지 매치(Google Deep-mind Challenge match)'였다. 2016년 3월 9일부터 15일까지, 하루 한 차례의 대국으로 총 5회에 걸쳐 서울에서 진행된 이세돌과 알파고(AlphaGo) 간의 대결이었다. 바둑계 최고의 고수라고 할 수 있는 이세돌과 바둑 인공지능 프로그램과의 대결이었기에 전 세계적으로 주목을 받았다. 결과는 아쉽게도 4승 1패로 알파고가 이세돌에게 승리했

이세돌 대 알파고의 대국

다. 인간과 알파고 간의 대결을 보며 사람들은 이제 새로운 시대가 열리고 있음을 절감했다.

4차 산업화가 각 분야에 미치는 영향이 생각보다 클 것으로 전망된다. 특히 '4차 산업화 교육'이라 하여 교육계에 불어온 바람은 코로나 팬데믹 시대에 접어들며 그 폭이 훨씬 커지고 있다. 원래 4차 산업화 교육이라는 말은 존재하지 않았다. 4차 산업화의 흐름에 따른 교육을 표현한 말이다.

4차 산업혁명에 따른 교육의 변화 중 가장 두드러지는 특성은 '블렌디드'다. 다음 장에서 구체적으로 설명하겠지만 4차 산업으로 오면서 교사와 대면하는 오프라인 위주의 교육보다는 비대면으로 진행되는 온라인이 더욱 활성화되고 있다. 블렌디드라는 말은 영문 뜻 그대로 '혼합'을 의미한다. 온라인과 오프라인이 어우러져 각각의 유리한 점을 학생에게 적용할 수 있도록 변화된다. 이에 따라 교육의 질이 높아지는 대신 학생들은 책을 보고 선생님의 가르침을 받는 것이 아니라 필요한 정보를 스스로 온라인을 통해 찾아 습득해야 하므로 훨씬 주도적인 태도가 요구된다.

전 세계의 흐름, 언택트 ──

2020년 초를 기점으로 시작된 코로나19 현상으로 '비대면' 문화가 자리를 잡고 있다. 이와 함께 '언택트(Untact)'라는 말이 유행하고 있는데, 언택트는 접촉을 뜻하는 콘택트(contact)에 부정을 뜻하는 언(un)을 붙인 신조어로 곧 비접촉, 비대면 등 사람과 직접적으로 연결되거나 접촉하지 않는다는 것을 의미한다. 언택트는 단순한 사회적 거리두기가 아니라 '불안하고 편리한' 시대에 우리가 가진 욕망이자, 미래를 관통하는 가장 중요한 메가트렌드다. 이 말은 《트렌드 코리아 2018》에서 비대면과 무인 거래의 '언택트(Untact) 마케팅'이 유통의 트렌드임을 제시하면서 새로운 용어로 자리 잡았다.

언택트 현상이 교육계에 미치는 영향은 대단하다. 코로나19의 확산으로 191개국의 학교가 모두 휴교령을 내렸다. 일주일에 1~2회 정도 출석을 했지만 이조차 다시 확진자가 급속도로 늘어나면서 사라지고 온라인에 의지한 새로운 형태의 수업으로 대체하는 상황이 지속되었다. 미국, 프랑스, 중국, 일본, 싱가포르 등도 국가별, 학교별 상황에 따라 다양한 방식으로 원격수업을 운영해오고 있다. 〈뉴욕 타임즈〉에 따르면 뉴욕의 원격수업은 학습자료를 제공한 후 과제를 부여하는 식으로 진행하고 있으나, 교육청에서는 교사와 학생 간의 쌍방향 실시간 수업을 권장하고 있다. 원격수업에 필요한 PC나 태블릿 등은 개인 것을 우선으로 하고 저소득층의 경우 무상 대여를 해주고 있는 상황이다. 워싱턴 D.C의 경우 원격수업 사이트(DCPS Instructional Continuity Plan)를 개설해 초중고 학교급 및 학년별 학습자료를 올려 수업을 진행하고 있다. 또 학습관리시스템인 캔버스(Canvas)를 활용해 교사별 자료를 게시하는 등으로 학습 관리를 하고 있다.

프랑스는 무기한 휴교에 들어갔다. 프랑스 당국은 3월 12일 열린 대국민 담화에서 "다음 지침이 내려질 때까지 무기한 휴업을 하며 개학까지 원격수업을 제공한다."고 발표했다. 중국의 경우 일부 지역은 개학 일정을 발표하고 일부 지역은 여전히 휴업 중이다. 질병 상황이 통제 가능하다고 판단되는 학교만 개학을 하고 있으나 매우 조심스러운 상황이다. 중국은 원격수업을 진행하며 앱으로 채팅을 하는 것으로 교사와 학생들이 소통을 하고 있다. 일본은 학교설립자 재량으로 판단해 휴업과 개학을 실시하도록 하고 있다. 원격수업은 일부 학교만 시행하고 나머지는 TV 방송이나 온라인 교재를 활용해 수업을 듣도록 했으나 코로나 사태가 장기화되면서 다양한 방법들을 검토 중에 있다. 이후 확진자 수의 변동에 따라 우리나라뿐 아니라 전 세계적으로 등하교 정책이 매우 불안정하게 운영되는 상황이다.

코로나의 확산에 대해 우리나라는 비교적 빨리 대응을 해왔다. 사교육보다는 공교육에서 훨씬 적응이 빠르다는 건 긍정적으로 볼 수 있다. 영국의 경우 사교육의 좋은 점을 공교육이 많이 가져가 혼합하여 사용하는 것이 보편화되어 있다. 그러나 우리나라의 경우 공교육 교사들이 사교육 측에 예산을 사용하는 데 대해 굉장히 보수적이었는데, 이번 사태를 통해 사교육의 긍정적 요소들을 받아들이고 예산을 푸는 방향으로 전환되는 추세다. 특히 과거 공교육 안에서만 모든 교육이 이루어졌다면, 이제 작은 스타트업 기업들이나 기존에 있던 교육 업체 혹은 사교육 기관에서 만든 좋은 시스템을 도입해서 쓰기 시작했다. '에듀테크', 즉 교육과 신기술을 결합하여 이루어내는 교육 시스템 자체는 공교육에서 하기가 쉽지 않다. 따라서 이미 사교육이 이루어놓은 것들을 공교육이 활용할 수 있다. 과거 사교육에 대한 배타성은 교육이 고르게 발전하지 못한 원인으로 작용했지만, 사교육을 억지로 억압함으로써 역효과를 불러일으키는 대신 안목을 가진 선택을 통해 현명하게 풀어나간다면 코로나를 지혜롭게 극복하고 좀 더 발전적인 방향으로 갈 수 있을 것이다. 영국은 이미 매우 자연스럽게 이러한 방법으로 교육정책이 운영되고 있다.

예전에는 사교육을 받을 수 있는 계층과 받을 수 없는 계층이 심하게 분리되었기에 거기에서 오는 불평등이 심각했다. 지금 역시 편차가 있긴 하지만 대부분이 사교육을 시키고 있다. 사교육 내의 비용 편차를 극복한다면 충분히 긍정적인 방향으로 나아갈 수 있다고 본다. 특히 4차 산업시대 사교육으로서 AI의 가장 대표적인 예인 '인터넷 강의'는 누구나 들을 수 있다. 〈SKY 캐슬〉에 나온 코디네이터처럼 높은 비용과 노력을 투자해 핸드메이드 식으로 아이들을 가르치는 사교육은 이제 사라질 것이다. 일명 '사교육의 평준화'라 하여 과외, 족집게 학원, 고가의 대치동 학원이 아니라 누구나 활용할 수 있는 사교육 시스템이 도입되는 것이다.

4차 산업 시대가 되면 '교육 특구'라는 말도 사라질 것이다. 개인의 역량을 키워 융합형 인재로 만드는 것은 국력을 키우는 것과 맞물리는 일이다. 상대적인 것을 가지고 경쟁하기보다 개인이 가진 고유의 역량으로 경쟁하는 시대가 오고 있다. ITS(Intelligent Tutoring System)라는 개념도 그런 의미에서 등장했는데, 이에 대해서는 뒤에서 더 자세히 풀도록 하겠다.

진정한 혁신,
무엇을 원하는지 묻지 않는 것 ——

스티브잡스의 핵심 철학 하나는 결코 소비자에게 '무엇을 원하는지 묻지 않는 것'이라 한다. 미래를 새롭게 발명하는 것이 그가 추구하는 진정한 '혁신'이었다. 우리는 스마트폰을 잡아보기 전에 우리가 그런 제품을 원하고 있다는 사실조차 몰랐다. 그러나 스마트폰을 쓰는 순간 알게 된다. "오! 내가 원하는 게 이런 거였어!" 그전에도 휴대전화와 PDA는 모두 존재했으니 스티브잡스는 둘을 하나로 합쳐 소비자

아이폰을 시작으로 한 스마트폰은 혁신의 아이콘이 되었다.

에게 제공했다. 이제 전 세계는 스마트폰을 중심으로 움직이고 있다. 이것이 혁신의 전형적인 특징이다.

지금 우리는 생각지도 못한 혁신의 문 앞에 서 있다. 전혀 준비되지 못한 상태에서 갑자기 들이닥친 상황에 모두가 갈팡질팡하고 있다. 정확한 방향성을 잡지 못하고 불확실성 속에서 헤매고 있는 것이 사실이다. 사교육 쪽은 더욱 그렇다. 이렇게 과도기적인 상황에서 우리는 진정한 혁신을 생각해야 한다. 교육의 핵심은 미래의 인재를 양성해내는 데 있다. 스티브잡스가 말했듯 사람들이 원하는 속도보다 혁신은 좀 더 미래에 가까워야 한다.

현재 학교마다 등교 방침이 제각각이라 주도적인 힘이 없는 아이들에게는 굉장히 힘든 상황이다. 학부모 역시 마찬가지다. 이게 맞는지 이렇게 하는 게 최선인지 모르는 상태에서 실험적인 것들이 도입되다 보니 적응에 어려움이 있을 수밖에 없다. 그러나 불확실성을 이겨내면 방향성이라는 선물이 온다는 스티븐 도나휴의 말처럼 급변하는 상황 속에 우리는 미래에 대처하기 위한 능력을 빠르게 갖추기 위해 긴장하고 있다. 아이들의 미래교육에 대한 사회의 노력, 학교의 노력은 그 어느 때보다 가속화되고 있다는 점은 매우 고무적이다. 또한 하루가 다르게 방향의 틀이 잡혀가고 있다는 것도 긍정적으로 볼 수 있다.

이러한 혁신의 흐름 속에 가장 크게 대두되고 있는 것이 바로 교육자의 역할이다. 비대면 온라인 강의를 실시함으로써 20대, 30대, 40대, 50대 교사들이 기존에 해오던 역할들이 같은 선상에서 출발을 하게 되었다. 디지털을 받아들이는 체감적인 온도가 달라 어쩔 수 없는 격차가 벌어지고 있다. 코로나 시대로 디지털화 역시 가속화되면서 이를 잘 이용하는 사람과 그렇지 못한 사람 간의 격차를 줄이기 위한 검토가 적극적으로 이루어져야 한다는 기사가 나오기도 했다. 이러한 '디지털 디바이드(Digtal Divide)'는 단순히 '정보'의 격차에 한정되지 않고 인식과 생각, 감정, 문화의 격차로 확대될 수 있다고 본다. 따라서 접근성과 활용성을 향상시키기 위한 연구와 정책 개발이 더욱 시급해졌다.

디지털 디바이드는 교사들에게 더욱 극심하게 나타나는데 간극은 더욱 벌어질 것으로 예상된다. 그럴 경우 세대가 높은 교사들이 교체가 되어야 하는 것인지, 아니면 그들의 역할이 새로 주어져야 하는지에 대한 해결 과제도 생겨난다. 이 부분에 대해서는 교육, 국가기관이 적극적으로 고민을 해야 한다. 이제는 경력보다는 기능이 중요해지는 시대가 도래했다. 온라인 시대가 더욱 확장될수록 쌍방향의 교육에 대한 문제가 시급해진다. 특히 교사는 이제 티칭이 아니라 보이지 않는 언택트 상태에서 학생들을 관리해야 하기 때문에 세심한 터치와 함께 튜터링, 코칭, 매니징 역할이 요구된다. 경력이 많고 나이가 많은 교사는 지식 전달을 넘어 아이들과 소통하는 법을 가르치는 역할을 담당할 수 있다. 젊은 교사들이 에듀테크로 나아간다면 경력이 많은 교사들은 아이들에게 아날로그의 감성을 전달해줄 수 있다. 교육자의 역할은 사라지는 것이 아니라 전환된다. 나이와 경력에 맞춰 가장 잘할 수 있는 교육을 분담해서 가는 것이 순조로운 방향일 것이다.

학부모의 역할도 과거와는 큰 차이가 생겨날 것이다. 기존에는 아이들을 경쟁시키는 데 있어 "남을 이겨야 내가 잘할 수 있다."는 사고를 가지고 있었다면 이제는 공존 속에 아이만의 특성을 개발시키는 것이 중요하다. 특히 우리나라 부모들은 선행 교육에 매우 치중하고 있는데, 이러한 현상은 지나치게 의존성이 높은 교육을 낳는 폐단으로 이어진다. 특정 교사, 특정 코디, 특정 프로그램 등에 치우치는 것은 앞으로 4차 산업화 교육 시대에는 그 의미가 사라진다. 미래에는 스스로 문제를 해결할 수 있는 문제해결력을 갖춘 인재가 필요하다. 사교육, 공교육의 의존성을 넘어서 아이가 주체적으로 학습할 수 있는 힘을 키워주어야 한다.

그러기 위해서는 결과 중심이 아닌 과정 중심의 교육이 시급하다. 당장 점수가 안 나오더라도 과정에 의미를 부여할 수 있는, '평가 목표'가 아닌 '성과 목표' 중심의 교육이 필요하다. 즉 점수 몇 점에 도달하는 것을 목표로 삼는 것이 아니라 스스로 정한 계획을 하나씩 이루어나가는 성취감을 통해 공부에 흥미를 붙이고 롱런해야 하는 것이다. 한 번 이러한 성취감을 맛본 학생은 스스로 다음 계획을 짜고 앞으로 나아간다. 지금 당장 점수가 다른 아이들에 비해 낮다 하더라도 조급해하지 않는다. 공부의 과정을 느껴본 아이들만이 문제해결력을 키울 수 있다. 결과 중심의 교육은 말 그대로 '시험 점수를 따는 능력'

4차 산업화에서는 의존성 교육보다는 '혼자 공부하는 힘'이 요구된다

만 키울 뿐이다. 4차 산업의 교육은 '혼자 공부하는 힘'을 요구한다. 결과가 아닌 과정, 평가가 아닌 성과 목표를 위주로 한 학습. 학부모는 자녀가 그런 방향으로 교육해나갈 수 있도록 과감한 생각 전환을 시도해야 한다.

난세가 주는 교훈 ——

　우리나라의 입시 제도는 과거부터 지금까지 '공정함'이라는 가치관을 중심으로 변화해왔다. 그러나 코로나19 사태로 인해 지금껏 우리가 시행해온 모든 시험 제도와 교육 방안들이 매우 위험하다는 것이 밝혀지고 있다. 학교가 온라인 수업을 시행함으로써 학생부종합전형의 판단기준은 무의미해지고, 수학능력시험 또한 한 번보다는 두 번의 기회를 가진 재수생의 성적이 훨씬 더 높다는 사실을 볼 때 공정함의 의미도 퇴색된다. 사교육에 의지하지 않았던 많은 수능 준비생들은 이번 코로나 사태에 속수무책일 수밖에 없다.

　대학입학 전형의 경우, 모두 같은 방식이 아니라 대학이 자체적으로 기준을 가짐으로써 안정성을 높일 수 있다. 기부를 통하거나 혹은 다른 방식의 도입, 혹은 시험이 아니더라도 특기를 인정받을 수 있는 다른 방식의 전형을 통해 입학을 할 수도 있다. 또 역량을 제대로 평가할 수 있는 다양한 평가 방법으로 학생들에게 공정한 기회를 제공할 수도 있다. 수학능력시험 대신 1년에 몇 차례 걸친 시험도 학생들의 실력을 파악하는 방법이 될 수 있다.

　언제나 위기 속에는 우리가 얻게 되는 커다란 교훈이 있다. 바로 가장 취약했던 부분이 수면 위로 올라 시야 속으로 들어오게 된다는 사실이다. 특히 교육에 있어서는 그동안 미루어왔던 '공정함'의 가치를 제대로 실현해야 할 시기가 왔음을 절감한다. 우리는 이 거대한 변화의 흐름 앞에 무너지고, 가장 취약한 부분을 직시하고 보완 혹은 과감하게 도려냄으로써 더욱 강해지고 진화할 수 있다. 또한 이러한 4차 산업화의 가속화는 스티브잡스가 그랬듯 누구도 예고하지 못했던 미래를 선사하는, 진정한 혁신의 기회가 될 수도 있을 것이다.

Edutech
교육과 기술의 융합/ 에듀테크의 시대

미래 지능정보사회를 이끌어갈 인재 양성을 위해 교육부가 계획을 발표했다. AI 기술 도입을 통해 수학에 어려움을 겪는 학생을 돕고, VR(가상현실)* · AR(증강현실)** 등 에듀테크 기술을 이용한 과학교육 인프라를 구축한다는 계획이다. 교육부가 발표한 내용에 따르면 초등학생부터 정보·인공지능(AI)에 관한 소양을 기를 수 있는 교육과정이 강화된다. 이른바 '수포자'라고 불리었던 수학 취약 학생들의 공부를 도와주는 맞춤별 학습을, 에듀테크 기술을 통해 제공하겠

---

* Virtual Reality: 가상현실, 컴퓨터를 통해 가상을 현실처럼 체험하게 해주는 첨단기술.

** Augmented Reality: 현실의 배경이나 화면에 3차원의 가상 이미지를 겹쳐 하나의 영상으로 보여주는 기술.

다는 계획이다. 교육부는 2023년부터 학생들의 학습 상황에 맞춘 개별적 학습을 제공하는 AI 수학 학습 시스템을 도입하여 함수, 기하 등 학생들이 어려워하는 개념을 시각화할 수 있는 콘텐츠를 개발하겠다고 발표했다.

과학과 정보 교육도 마찬가지다. 학생들이 첨단 과학기술을 직접 체험하며 학습할 수 있도록 2024년까지 '지능형 과학실'을 모든 학교에 구축할 방침이다. 지능형 과학실에는 AI, VR 등의 최첨단 기술이 적용된다. 과거에는 물리학, 화학, 생명과학, 지구과학 등 과목을 나누어 교육했다면 이제 학생이 스스로 자신이 듣고자 하는 과목을 선택할 수 있도록 교과목 개편도 이루어진다. 과학에 소질이 있는 인재들이 초등학교, 중학교에서 고등학교, 과학기술 특성화 대학으로까지 진로가 연결될 수 있도록 하며, 수행·관찰을 통해 학생의 역량을 파악하는 새로운 영재 교육 기관 입학전형을 안착시킬 예정이다.

융합교육 분야에서는 학생 참여 중심의 자기주도적 학습을 위한 수업이 실시된다. 즉 토론, 탐구, 실험 중심의 수업이 실행되며 한 과목이 아니라 여러 교과가 융합된 프로젝트형 과목으로 수업을 편성하게 된다. 디지털교과서, AR, VR, 사물인터넷(IoT)* 등을 도입해 교과서와 책상 없는 학습 공간을 제공할 예정이다.

이번 종합계획에는 과학, 수학, 정보 핵심 인재 발굴을 위한 계획들

---

* Internet of Things: '사물들(things)'이 '서로 연결된(Internet)' 인터넷. 세상에 존재하는 유형 혹은 무형의 객체들이 다양한 방식으로 서로 연결되어 개별 객체들이 제공하지 못했던 새로운 서비스를 제공하는 것.

이 포함되는데, 신(新) 과학기술 분야 영재의 조기 발굴 및 성장을 위해 인공지능 분야를 확대하고, 지역별 인재수요에 대응해 과학고 및 영재학교 학과를 신설하는 등의 영재교육 시스템을 마련한다. 모든 학생이 정보·인공지능의 기본적인 역량을 기를 수 있도록 관련된 다양한 교과목을 개발하고 초등학교, 중학교의 교육시간을 확대한다. 또 고등학교 때는 '인공지능 기초'와 '데이터 과학' 등 다양한 신설 과목을 통해 학생 진로에 맞춰 심화 학습을 하게 된다. 유은혜 교육부장관은 이러한 계획에 대해 "이번 종합계획을 통해 최첨단 에듀테크를 활용한 미래교육 체제를 도입하고, 이를 토대로 세계를 선도하는 창의융합형 인재 양성의 기반이 마련될 것으로 기대한다."라고 말하기도 했다.

'내 수준에 맞는' 학습이 필요하다 ——

요즘 '영어 배우기' '기타 배우기' '글쓰기 배우기' 등 다양한 학습을 위한 가장 손쉬운 도구는 바로 유튜브다. 지금은 유튜브 검색창에 몇 글자만 쳐도 수많은 콘텐츠가 검색된다. 유저들은 자신의 스타일에 맞는 콘텐츠를 선택하여 학습을 할 수 있다. 유튜브라는 새로운 플랫폼은 개인의 '독학' 능력을 더욱 증가시켰다. 유튜브의 인플루언서들은 이제 더욱 전문성과 개성이 넘치는 콘텐츠로 유저들을 사로잡는

우리는 유튜브를 통해 다양한 분야의 지식, 정보를 독학으로 습득할 수 있다.

다. 유튜브의 수익구조는 유저들로부터 돈을 받는 것이 아니기 때문에 유저들은 더욱 손쉽게 접근이 가능하며, 전 세계인들이 제공하는 새로운 콘텐츠를 계속해서 접할 수 있다.

교육부가 발표한 계획에 자주 등장하는 말이 '에듀테크(Edutech)'다. 에듀테크란 교육(Education)과 기술(technology)의 합성어로 이루어졌다. 그 의미는 단순히 기술을 도입한 온라인 교육의 의미를 넘어선다. 에듀테크는 학습자가 최상의 교육서비스를 제공받을 수 있도록 AR, VR, 인공지능, 빅데이터 등 신기술을 콘텐츠, 솔루션, 하드웨어,

시스템 등에 접목한 방식의 서비스를 말한다. 에듀테크가 도입된 교육서비스는 유튜브를 통해 하는 '독학' 시스템과 유사하다. 신기술을 도입해 스스로 콘텐츠를 선택하고, 자신의 계획에 맞춰 알아서 공부를 할 수 있도록 해주는 시스템이기 때문이다. 에듀테크는 학습자들이 직접 체험을 해본 후 스스로 선택을 하여 자기주도학습을 함으로써 문제해결능력을 키울 수 있고, 창의력, 비판적 사고를 증진시킬 수 있다는 장점이 있다.

무엇보다 학생의 수준에 맞춘 개별 학습이 가능하다는 것도 긍정적 측면으로 작용한다. 과거 일대다(一對多)로 진행되었던 교사와 학생 간의 수업과는 달리, 학생은 자신의 수준을 에듀테크 시스템을 통해 정확하게 진단받고 현재 상태에서 가장 필요한 부분을 중심으로 추가 학습을 해나가게 된다. 이를테면, 학생이 문제를 풀면 AI가 문제를 채점한다. 결과를 파악한 AI는 학생이 문제를 정확히 이해하고 있는지 아닌지를 점수와 관계없이 파악해내어 짚어준다. 또 학생이 학습 단계에서 이해하지 못한 부분이 무엇인지도 정확히 파악하여 수준별 맞춤학습을 제공한다. 교사는 학생의 성과를 실시간으로 확인할 수 있다. 평가 또한 교사의 일방적 평가가 아니라 학생이 학습에 몰입한 정도, 종합적 이해도 등을 빅데이터를 바탕으로 분석하여 피드백을 받게 된다. 일괄적 학습은 공부를 잘하는 학생에게는 지루함을, 현재 진도를 따라가기 어려운 아이들에게는 부담을 준다. 공부를 잘하는 아이들은 진도를 앞서 나가기 위해 사교육을 찾고, 성적을 쫓아가지 못하는 아이들은 수업 때 이해하지 못한 내용을 보충하기 위해 사교육을 찾는 악순환이 지속되어 왔다. 에듀테크가 '개별적 맞춤학습이 가능하다'고 하는 데에는 많은 의미가 내포되어 있다. 특히 사교육비를 줄이고 수월성 교육을 가능하게 한다는 점은 큰 의미가 있다. 2015년 교육 개정은 모든 학생이 자신의 수준에 맞게 학습을 진행하는 '수월성 교육'을 추구하는 데 초점이 맞춰져 있었지만 실제로 이루어지지는 못했다. 특수목적고등학교, 영재고등학교에서만 이루어진 것이 사실이다. 에듀테크의 활용은 수준별 학습, 즉 수월성 교육이 가능하다는 점에서 매우 긍정적이다.

에듀테크의 학습 제공 방식도 수월성 교육에 큰 영향을 미친다. VR은 교과서에 기록되어 있는 평면적인 사진과 텍스트를 통한 학습의 한계를 뛰어넘어 세계 각국의 유적지, 우주 공간 등을 재현해 실감 나는 학습을 하게 해준다. 학생들은 시험문제를 풀던 공부 방식을 뛰어넘고 흥미를 갖고 학습에 임할 수 있게 된다. 또 마이크로 러닝(Micro Learning) 학습을 통해 더 빠르고 쉬운 진도학습이 가능해진다. 마이크로 러닝은 과목 전체를 풀어나가는 것이 아니라 학생에게 필요한 정보를 짧은 시간을 통해 곧바로 전달하는 것을 의미한다. 학생이 잘하거나 관심이 있는 분야에 대한 정보를 빠르게 제공함으로써 학습의 효율을 높이고 역량을 개발할 수 있다.

에듀테크의 성패는
학생의 집중력에 달려 있다 ——

물론 에듀테크 교육이 실행되는 데 따르는 여러 숙제들이 있다. 우선, 수업의 효과를 높이기 위해 콘텐츠의 질을 높이는 데 많은 연구가 따라야 한다. 사람은 한 번 익힌 것을 영원히 기억하지는 못하지만 스스로 노력 여부에 따라 더 많은 지식을 축적해갈 수 있다. 그러나 AI는 입력된 지식, 정보를 중심으로만 제공하기 때문에 양질의 콘텐츠를 계속 업그레이드시키는 것이 중요하다. 국가는 이 부분에 많은 연구원들을 투입, 상당한 비용을 투자해야 한다. 앞으로 이 시장이 매우 커질 것으로 보인다. 실제로 한 기사에서는 코로나19로 인한 온라인 학습 수요가 증폭하면서, 온라인 학습의 비중이 세계 교육의 20.3%를 차지하게 되었고 여기에 1조 달러가 투입된다고 밝혔다. 현재 우리나라도 시대적 흐름에 맞춰 온라인 교육에 투자를 확대해가고 있으나 여전히 수업자료가 부족한 상황이다. 교사의 역량에 따라 천차만별로 달라지는 학습자료의 양과 품질도 문제가 되고 있다. 점점 더 확대될 에듀테크에 양질의 콘텐츠를 적용하는 일은 선택이 아니라 필수적인 일이 될 것이다.

교육이 에듀테크 방식으로 흐르면서 무엇보다 중요해진 것은 바로 학생들의 학습 태도다. 학교와 교사, 그리고 학부모는 학생이 자기주도학습을 효과적으로 할 수 있도록 도와주어야 한다. 아무리 좋은 시스템을 도입해도 한자리에 앉아 있지 못하면 무용지물이 된다. 학생들이 변화하는 학습 환경에 적극적으로 참여하고 집중하여 학습할 수 있도록 효과적인 교육과정의 개발이 시급하다. 결국 에듀테크는 학생들의 참여도와 집중력을 얼마나 끌어올리느냐에 성패가 달려 있다. 현재 시행되고 있는 단순한 동영상 강의나 디지털 콘텐츠 시청을 통한 원격수업은 학생들을 집중시킬 수 없다. 따라서 집중도를 높일 수 있는 콘텐츠 개발과 학생들의 자기주도학습을 유도할 수 있는 교육과정이 필요하다.

나는 최근 몇 년 동안 '자기주도학습'에서 '자기구조화학습'으로 변화해야 한다는 것을 강조해오고 있다. 자기구조화학습은 혼자 공부하는 것이 아니라 퍼실리테이터, 즉 조력자가 필요하다. 향후 교사의 역할이 바로 이것이다. 학생에게 필요한 것은 수준에 맞는 지식과 정보이기도 하지만, 어떤 아이에게는 인성이 필요하고 어떤 아이에게는 학습 태도가 시급할 수 있다. 교사는 학생의 조력자가 되어 아이에게 필요한 다양한 부분들을 관리해주어야 한다.

자기구조화학습에서는 교사의 퍼실리테이터 역할이 강조된다

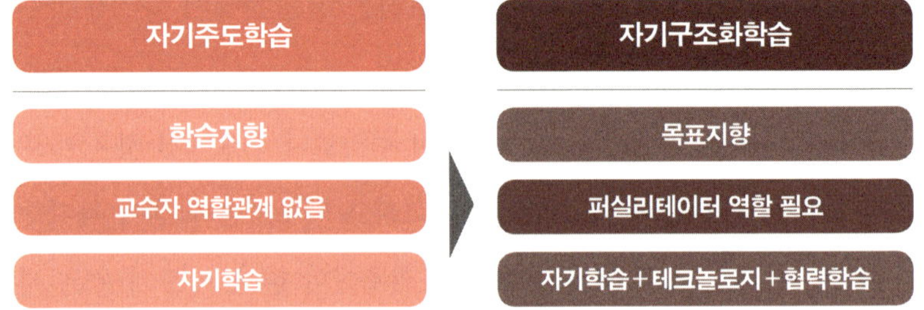

퍼실리테이터는 지식을 전달하는 티칭의 역할을 넘어 아이가 효율적으로 공부할 수 있도록 설계하는 매니저의 역할을 한다. 아이가 스스로 목표를 정하고, 한자리에 앉아 집중하여 학습할 수 있도록 도와준다. 또 학생의 학습능력이 어느 수준에 있는지를 더 면밀히 관찰하면서 튜터(Tutor, 개인지도교사) 역할을 담당한다. 자기주도학습에서는 스스로 학습하는 자기교수가 강조되었다면, 자기구조화학습에서는 기술과 자기교수, 조력자의 협력이 결합된 방식을 강조한다. 아무리 재미있는 콘텐츠라도 아이들에게는 긴 시간 혼자 앉아서 학습을 해나가는 것이 힘들다. 따라서 교사는 학생과의 커뮤니케이션을 통해 칭찬과 격려, 그리고 인정을 해줌으로써 조력자의 역할을 충분히 감당해야 한다.

감성을 키워주는 가정교육이 중요하다 ——

내가 학교에 다니던 시절엔 자율학습을 하거나 시험을 볼 때 선생님이 돌아다니며 학생들을 감시하던 풍경이 매우 자연스러웠다. 말을 안 듣는 학생에게 꿀밤을 때리거나 시끄럽게 떠드는 아이들을 불러 엉덩이를 때리기도 했다. 킥킥거리며 웃는 학생, 아프다고 우는 학생 등 교실의 풍경은 제법 인간적이었다. 또 수업시간에도 학생들에게 문제를 풀게 한 후 교실을 돌아다니며 잘 모르는 문제를 짚어주곤

에듀테크는 학습자가 스스로 콘텐츠를 선택하고, 자신의 계획에 맞춰 공부할 수 있도록 해준다.

하던 선생님의 모습도 매우 익숙했다. 푸른색 칠판을 가득 채운 하얀색 판서와 동강 난 분필과 먼지 가득한 지우개도 교실의 한 풍경이다. 물론 고릿적 이야기인 데다 요즘엔 상상도 할 수 없는 일이다.

에듀테크 시대에 교실 풍광은 매우 달라질 것이다. 온라인 학습 콘텐츠가 더욱 개발되고 양질로 업그레이드된다면 기존의 학교 수업과는 비교할 수 없는 흥미와 재미를 제공할 것이다. 지금 태어나는 아이들과 유아기를 지나는 아이들이 초등학교, 중학교에 갈 정도의 시기에는 에듀테크를 통한 교육이 더욱 자연스러울 것이다. 학생들은 당연하게 이 학습 방식을 받아들이고 이러한 현상은 더욱 진화해갈 것이다. 교사가 퍼실리테이터의 역할을 잘 수행하고 콘텐츠의 질이 높아진다면, 요즘 아이들이 스마트폰에 몇 시간이고 집중하듯이 집중력은 더욱 높아질 수 있다.

이때 강화되어야 할 부분은 바로 '인성교육'이다. 인성교육, 즉 도덕성을 갖추어주는 기본적 교육은 대부분 가정에서 이루어진다. 어릴 때부터 기계와 접촉하며 자란 아이들은 인성적인 부분에 신경을 많이 써야 한다. 감성이 메마르고 사회성과 소통능력이 떨어질 수 있기 때문이다. 또 가정교육에서 채우지 못한 부분은 공교육, 사교육 등 모든 교육을 통해 이루어져야 한다. 아이들의 심리교육 부분에 사교육이 도입되어야 한다는 것도 이와 같은 맥락이다. 이러한 방향성에 따라 앞으로는 인문학이 중요해질 것이다. 에듀테크를 위주로 하는 교육 방식으로 인해 메말라가는 감성은 독서, 토론교육을 통한 인문학을 통해서만 보완이 가능하다.

기술의 발달이 인간의 쓸모를 떨어뜨린다는 생각은 기우에 불과하다. 티처보다 퍼실리테이터의 역할이 중요한 이유는 한 개인의 역량을 최대로 끌어올리는 데 있어 AI가 담당할 수 없는 많은 부분을 매니징해주기 때문이다. 세계적인 기록을 보유하고 있는 김연아, 박태환, 우사인볼트 같은 선수들 뒤에는 전담 스포츠 심리학자가 있다. 기록이 중요한 종목이니만큼 기록에 대한 엄청난 심리적 압박감을 느끼는 선수들의 심리상태를 세밀하게 파악하고 분석하여 최상의 컨디션과 멘탈을 유지할 수 있도록 스포츠 심리학자가 퍼실리테이터로서의 역할을 하는 것이다. 물론 개인이 가진 타고난 역량과 노력도 중요하지만, 그 역량을 끌어내주고 노력을 응원해줄 수 있는 퍼실리테이터는 미래 사회에서 없어선 안 되는 중요한 역할이다. 가정에서는 부모가, 학교에서는 교사가 바로 그 역할을 해주어야 한다.

Blended Learning
온·오프라인 학습의 결합

불과 몇십 년 전만 해도 '블렌디드'라는 말이 '러닝'과 결합하여 교육계에서 사용될 것이라 예측하기는 쉽지 않았다. 원래 '블렌딩(Blending)'이라는 말은 위스키나 음료 등에 여러 종류의 '혼합'이라는 의미로 사용되는 경우가 많았다. 지금은 커피 용어로도 사용되는 말이다. 교육에서 사용되는 '블렌디드'라는 말 역시 '혼합'이라는 의미를 포함한다. 최근 학교에 나가 수업을 할 수 있는 일수가 현저히 줄어들고 있다. 주로 원격수업을 통해 진도를 나가고 등교 시에는 원격수업 때 부족한 부분을 보충하거나 공부한 내용을 테스트하는 식으로 진행이 되고 있다. 또 어떤 학교는 학급 인원수를 오전, 오후 반으로 나누어 교차로 예습과 수업을 진행하도록 하는 '플립 러닝 방식(거꾸로 교실)'을 취하고 있다. 즉 오전 반 아이들이 수업할 때 오후반 아이들은 예습을, 오후반 아이들이 수업할 때에는 오전반 아이들이 예습을 한 후 실제 수업 때는 토론과 과제, 풀이 등을 하는 식으로 진행하는 것이다.

온·오프라인을 병행하는 블렌디드 러닝은 이제 선택이 아닌 필수가 되었다. 교내에 확진자가 발생할 경우 100% 원격수업을 진행할 수밖에 없기 때문에 블렌디드 러닝의 효율적인 사용이 오히려 시급해졌다. 원격수업과 블렌디드 러닝 체제는 향후에도 상시적인 교육체제로 자리를 잡을 것으로 보인다.

잘 사용한다면 이상적인 교육체제, 그러나 ——

블렌디드 러닝은 말 그대로 온라인과 오프라인이 결합된 형식의 교육을 의미한다. 코로나 사태를 차치하더라도 어쩌면 가장 이상적인 수업 방식일지 모른다. 미국의 한 조사에 따르면 맞벌이 부부들로 인해 오프라인 교육이 무조건 필요하다는 의견이 90% 이상이었다고 한다. 그럼에도 불구하고 지금까지는 90:10 혹은 100:0의 비율로 오프라인과 온라인의 교육이 이루어져왔다면, 이제는 블렌디드 형식의 교육이 불가피해졌다. 학부모나 학생 모두 익숙한 오프라인 수업 방식이 편하겠지만, 앞에서도 말했듯 양질의 콘텐츠와 전문성을 지닌 퍼실리테이터가 양성된다면 이는 훨씬 이상적인 교육체제일 수 있다.

물론 지금은 우수 인력들을 임용고시를 통해 교사로 채용하고 있지만, 앞으로는 교사를 채용하는 기준이 달라질 것이다. 아이들과 공감해주고 정신적, 심리적인 면에 더욱 특화된 교사가 필요해지기 때문이다. 우수 인력들은 전문직 혹은 더 고도화된 기술을 요하는 쪽으로 배치되고, 뉴 노멀(New Normal)[*] 시대의 새로운 교사상을 만들어야 한다.

그렇다면 원격수업을 병행하는 온·오프라인 결합 형태의 수업이 가지는 이점이 뭘까? 교육부에서 발표한 자료에 따르면 비대면 수업은 코로나 등 미래에 다가올 다양한 집단 감염성 바이러스로부터 안전을 보장받는다. 시간, 공간의 제약 없이 수업이 가능하며 교실의 벽을 넘어 다른 학급, 학교, 전 세계의 모든 학생들과 협력 학습이 가능하다. 또 상시 공개 수업을 통한 수업의 질 관리가 가능하고, 교사학습공동체 활동이 활성화될 수 있다. 에듀테크의 기술 또한 발전된다.

그러나 대면 수업이 가진 장점을 완전히 커버할 수 있을지는 의문이다. '에듀테크' 챕터에서도 언급했듯 인성교육, 사회성 교육에 대한 과제는 더욱 커질 것이며 교사의 실재감이 낮아 의미 있는 대인 관계를 맺는 데 한계를 갖는다. 중하위권 학생들에 대한 면밀한 피드백이 필요하며, 지식과 이해를 넘어 적용, 분석, 종합, 평가 역량을 키우는

블렌디드 교육은 학교의 벽을 넘어 전 세계의 학생들과 협력 학습이 가능케 한다.

데 많은 노력을 기울여야 한다. 실험, 실습이 불가능하며 저학년, 장애 학생에 대한 접근이 어렵다. 교사는 수업에 대한 부담이 가중되며 개별적 피드백을 주는 데 많은 시간과 노력을 기울여야 한다.

문제는 아직 완전히 자리 잡히지 않은 블렌디드 러닝 체제가 실시되고 있다는 사실이다. 방역 차원에서 도입되었기에 기존의 블렌디드 러닝 방식보다는 불가피하게 진행되고 있는 파행적인 교육과정과 수업 운영의 현실을 블렌디드 러닝이라는 용어 안에 억지스레 집어넣은 느낌이 강하다. 실제로 블렌디드 러닝 수업은 과목 특성, 학습 주제 특성을 고려하여, 원격수업이 유리한 것은 온라인에서 구현하고 대면 수업이 필요한 것은 대면으로 진행하는 것이다. 블렌디드 러닝의 정의 세 가지를 정리하면 다음과 같다.

첫째, 학생이 시간과 장소, 진도를 스스로 조절해 일정 부분을 온라인을 통해 학습하는 정규 교육 프로그램이다. 블렌디드 러닝은 학생 중심의 학습으로, 면대면 교사 수업에서 웹 기반의 콘텐츠와 강의로 변화하는 것을 의미한다. 여기서 학생이 스스로 자신의 수업을 선택하고 조절해나가는 것이 중요한 이유는, 이 부분이 빠질 경우 교사가 전자칠판에 콘텐츠를 띄우는 것과 다르지 않기 때문이다. 블렌디드 러닝은 교사가 단순히 디지털 도구를 사용한다는 개념이 아니라 학생의 관점에서 온라인 학습이 이루어진다는 것을 의미한다. 즉 학습에 필요한 모든 기술과 콘텐츠, 강의는 학생에게 주도권이 주어지며 진도를 늦추고 속도를 내며 필요한 부분은 멈추고 돌려보는 등의 주도를 넘어 자신의 학습을 관리하는 방법과 속도, 학습을 완성하기 위한 장소까지 선택하는 것을 의미한다.

둘째, 온라인 수업만 이루어지는 것이 아니라 교사가 있는 학교에 출석함으로써 블렌디드 러닝의 개념이 충족된다. 단순히 집을 벗어난 곳이 아니라 정해진 일정에 따라 교사의 지도를 받는 학습이 포함되어야 블렌디드 러닝이라고 할 수 있다.

셋째, 학습의 순서나 형태는 다양하지만 이 모든 것은 완전한 학습의 경험을 위해 서로 연결되어 있다. 온라인 수업과 오프라인 수업이 따로 기능하는 것이 아니라 통합적이 되어야 함을 의미한다. 그렇지 않다면 온라인 학습을 통해 배운 것을 교실에 와서 반복하는 형태가 된다. 이 부분에서 현재 많은 혼란을 겪고 있는 실정이다. 진정한 블렌디드 러닝의 의미에서는 어떤 형태든 학습 과정 내에서 실제로 통합이 이루어져야만 한다.

블렌디드, 제대로 된 온·오프라인의 결합이 중요하다 ——

결국 온라인과 오프라인 수업이 어떻게 서로 연결성을 가질 수 있는지가 무척 중요하다. 이 부분이 제대로 되지 않으면 학생들은 혼란을 겪게 된다. 온라인상의 선생님, 오프라인상의 선생님이 동시에 존재하며 수업 내용을 어디에 초점을 맞추고 따라가야 할지 혼란을 겪는다. 선생님이 둘인 셈인데 학습의 내용마저 연결성을 찾을 수 없다면 같은 내용을 반복하는 일을 피할 수 없게 된다. 사교육장에서 배운 내용을 수업 때 반복하는 식의 폐단이 고스란히 일어날 수도 있다.

블렌디드 러닝에서 교사와 학생의 노력은 함께 이루어져야 한다. 교육 변화의 과도기에 놓인 사람들은 항상 매끄러운 '적응'이라는 숙제 앞에 힘이 들기 마련이다. 무엇보다 다양한 형태의 학습 방법으로 인한 학생의 혼란을 막기 위해 교사는 좀 더 적극적으로 수업 운영 방식이나 학습의 연관성에 대해 고민해야 한다. 특히 대면 수업에서 검증된 방식이 원격수업에서도 구현될 수 있도록 창의적인 접근을 해볼 수 있다. 에듀테크와 같은 인공지능 기술 교육을 과감하게 활용하고 기존의 수업 방식을 뛰어넘어 학생들이 훨씬 흥미롭게 수업에 적응할 수 있도록 설계하는 것도 좋은 방법이다.

'블렌디드 러닝'은 말 그대로 '혼합'된 형식의 수업이기 때문에 단순히 온라인과 오프라인 교육의 결합이라는 개념을 넘어 교사와 학교는 수업을 디자인하는 데 있어 더 큰 상상력과 창의성을 발휘할 수 있

온 · 오프라인을 병행하는 블렌디드 러닝은 이제 선택이 아닌 필수가 되었다.

다. 원격수업과 대면 수업을 병행하며 다루게 될 학습의 주제와 방식은 각각의 체제에 따라 다르다는 특징을 이용하여, 창의적이고 유연한 교육과정을 운영해볼 수 있을 것이다. 언제나 변화는 그것을 어떻게 받아들이고 적응하느냐에 따라 우리에게 훨씬 다른 결과를 가져다주었다. 블렌디드 러닝은 그것을 받아들여야 하는 교사와 학생의 이해도와 활용도에 따라 확연한 차이를 보이게 될 것이다. 앞으로 변화될 교육과정의 운영 방식과 이에 따라 변화하는 사교육, 공교육의 창의적인 변화를 기대해본다.

코로나19가 불러온 교육 패러다임의 변화

– 후평중학교 교사 안상현

코로나19 전염병 창궐은 우리의 생활 방식을 여러 방면에서 바꾸었습니다. 공교육에 있어서는 초반에 집단 감염 발생을 막고자 개학 연기라는 미증유의 조치가 취해졌고, 몇 번의 시행착오를 거쳐 온라인 수업과 등교수업의 투트랙(Two-Track) 전략이 임시방편으로 자리 잡게 되었습니다. 이 글은 현재 대규모 중학교에서 근무하는 교사로서 그간의 교직 경험을 바탕으로 포스트 코로나 시대에서 중등교육이 어떤 방향으로 나아갈 것인지 의견을 제시하고자 쓰게 되었습니다.

• 교사의 역할 축소 및 변화

특정 학년의 학생들을 일정한 규모로 나누어 관리하는 담임교사는 물리적으로 학생들을 묶어놓기 어려운 포스트 코로나 시대에서 그 기능이 축소될 것으로 보입니다. 학교 상부의 지시사항을 학생 개인에게 직접 하달 가능한 온라인 방식은 중간 매개체로서의 담임교사 기능을 충분히 흡수할 수 있으며, 주로 담임교사 전담 하에 이루어져 왔던 노작교육은 감염병 예방을 위해 그 빈도와 강도를 낮추고 있습니다. 담임교사인 저는 올해 상부로부터 끊임없이 변화하는 사항을 수시로 하달받고 이를 학생들에게 전달하고 있지만, 예년에 비해 담임으로서의 인간적 유대감과 장악력은 강하지 않은 반면 텍스트를 처리하는 봇(Bot)으로서의 사무가 비약적으로 증대하여 쉽게 업무 피로감을 느끼고 있습니다. 시국의 장기화에 따른 담임교사의 효용성이 낮아지는 것이 사실이라면, 대한민국 특유의 교육열이 쌓아 올린 담임교사의 무거운 짐이 앞으로 조금씩 덜어질 수 있기를 바랍니다.

• 학교생활기록부(평가)의 패러다임 변화

코로나19 사태가 발발하기 전, 학교생활기록부의 법적 근거를 담당하는 훈령 제321호의 2020학년도 주요 개정사항은 '교사가 직접 관찰 평가한 내용을 근거로 자료를 입력'하는 것이 기본 골자였습니다. 교사가 직접 관찰할 수 없는 교실 밖의 상황에서 이루어진 활동은 학부모나 사교육의 개입이 있을 수 있는 검증되지 않은 영역이기 때문에, 이를 막기 위한 근본적 조치인 셈입니다. 하지만 우연찮게 터진 코로나19 전염병은 야심차게 발표한 이 개정사항을 정면으로 무력화시켰습니다. 온라인 수업 초장기에 주목을 받은 화상수업 시스템이 학생을 관찰하는 도구로 쓰일 수 있다고는 하지만, 결국 교사의 제한된 비전은 자그마한 웹캠이 비추는 영역 바깥의 '꼼수'까지 읽어낼 수는 없습니다. 때문에 현재 학교생활기록부에서는 온라인 수업에서 실시한 대부분의 교육활동에 대해 정량적인 부분을 제외한 정성적인 부분을 기재할 수 없게 되어 있으며, 음악이나 체육과 같이 신체적 기능을 활용하는 교과에서 학생의 수행 장면을 담은 영상 정도만이 제한적으로 활용 가능한 상황입니다.

포스트 코로나 시대를 맞아 온라인 수업 상황을 평어로 담아내기 어려운 현재의 학교생활기록부가 한계점을 맞이할 것이라고 생각합니다. 어느 형태의 매개가 되었든 공정성과 보안의 문제가 현실의 발목을 잡겠지만, 지금의 학교생활기록부 체제에서는 결국 감염의 위험을 무릅쓰고 학생을 학교로 불러내어 평가하는 방식을 취할 수밖에 없습니다. 작금의 상황에서는 학교 방역이 교육평가의 패러다임을 움직이는 것보다 현실성 높은 일이기에 온라인 수업과 생활 방역 속 등교수업을 엉거주춤 병행하고 있으나, 지금의 방식은 일선 현장에서 고군분투하는 교사 집단의 체력을 빠르게 소진시킨다는 것 또한 염두에 두어야 합니다. 결국 어느 시점에서 교육은 평가의 패러다임을 전환하는 방법을 택해야 할 것입니다.

• 공동체 핵심역량의 정교화

수업의 온라인 비중이 높아짐에 따라 학교는 전통적 사회화 기능을 온전히 수행할 수 없게 되었습니다(물론 그 사회화라는 것이 순기능만을 일으키지는 않지만, 우리는 학교가 기존의 사회가 이루어놓은 규범과 문화체계를 학생이 습득하게 도움으로써 학생이 사회에 편입할 수 있게 한다는 관점 또한 배제하지 않습니다). 학교의 기능 축소가 일견 아쉬워 보일 수는 있겠으나, 우리는 이것을 단순한 기능 소실이 아닌 현 사회가 사회화의 개념을 새로이 정립함에 따라 학교가 학생들에게 길러줘야 할 핵심역량이 정교화된 것으로 이해해야 합니다.

'몸은 멀리, 마음은 가까이'로 요약되는 사회적 거리두기 속에서 인류 공동체의 본질을 잃지 않기 위해서는 우리가 어떤 디지털 방식으로 성숙하게 소통하는지가 매우 중요합니다. 물론 기존 학교 현장에서 디지털 리터러시 교육이 이루어지고 있었지만, 이는 주로 윤리나 정보교과 영역에서 부분적으로 다루어진 것이 사실입니다. 포스트 코로나 시대에는 디지털 리터러시를 의사소통을 담당하는 기본 매개체의 관점으로 논할 필요가 있습니다. 또한 그간 비즈니스 영역에 주로

포진해 있던 온라인 협업 기술을 필수 소양으로 가르침으로써 전통적 사회화 요소 중 하나인 협동심을 발현할 수 있는 발판을 마련해줄 필요가 있습니다. 즉, 기존의 2015 개정교육과정의 핵심역량 중 하나였던 공동체 핵심역량은 디지털 리터러시와 온라인 협업이라는 기술이 보다 부각되는 형태로 정교화될 것입니다.

현 코로나 시대에서 교사로 산다는 것, 분명 쉽지만은 않습니다. 하지만 우리가 어떤 민족인가요, 6·25 전쟁통 속에서도 임시 학교를 세워가며 교육에 대한 의지를 불태우던 민족이 아니었던가요? 지금의 난관이 일상화된 삶을 전제로 한 포스트 코로나 시대에 접어들더라도 우리는 배움에 대한 열의와 교육의 질적 발전을 게을리하지 않을 것입니다. 때로는 공교육의 답답함에 불만을 토로하는 저이지만, 현 상황 개선에 이바지할 줄 아는 부끄럽지 않은 교사가 되고자 주어진 소임에 충실할 것을 다짐하며 글을 마칩니다.

Reading vs. Math

독서와 수학의
상관관계

TV 프로그램 〈영재발굴단〉의 어느 회차에 수학과 사랑에 빠진 소녀가 나와 사람들을 놀라게 한 적이 있다. 많은 학부모의 부러움을 샀다고 하는 편이 맞을 것이다. 초등학교 고학년인 소녀는 아침에 눈을 뜨면 곧바로 수학 문제를 풀 정도로 수학을 사랑한다고 한다. 누군가에게는 들여다보기도 싫은 수학 문제 풀이가 그 소녀에게는 행복으로 다가가는 것이다. '수포자'라는 말이 있을 정도로 수학 공부가 쉽지 않은 것을 감안한다면 그 소녀는 과연 '영재'라고 할 수 있을 것이다.

요즘은 아주 어릴 때부터 가정에서 수학 교육을 시키는 경우가 많다. 독서나 기타 다른 교육보다도 수학을 가장 우선시하는 경우가 많은데 과연 괜찮은 걸까? 학생들을 가르치다 보면 수학을 잘하는데 국어를 못 하는 아이가 있고, 국어를 잘하는데 수학을 못 하는 아이가 있다. 그런데 보통 수학을 잘하는데 국어를 못 하는 아이가 성적이 좋은 경우가 많다. 수학 학습에 대한 기본이 되어 있어야 다른 공부가 쉽기 때문이다. 수학 문제를 푸는 데 필요한 기본적 역량, 반복학습과 논리적 사고 등 때문이다. 그런데 최상위권으로 가면 이야기가 달라진다. 최상위권으로 갈수록 국어가 중요해지는데, 그렇다면 국어가 수학보다 중요한 걸까?

매슬로의 인간 욕구와 수학, 그리고 독서 ——

스위스의 심리학자 피아제의 인지발달이론을 보면 0세부터 8세까지 발달하는 것이 심리, 정서적인 부분이고, 초등학교 4학년 때까지 가장 중요한 것이 바로 인지능력이다. 인지능력이란 사고를 하는 능력을 말하는데, 이 능력이 학습을 구체화시키고 체계화시킨다. 이때 반복학습을 해주는 것이 매우 중요한데 반복학습의 대표적인 것이 바로 수학이다. 수학과 독서의 상관관계를 이해하기 위해 매슬로의 인간 욕구 5단계를 먼저 살펴보자.

매슬로의 욕구단계설(Maslow's hierarchy of needs)은 인간의 욕구가 그 중요도별로 일련의 단계를 형성한다는 동기 이론의 일종이다. 하나의 욕구가 충족되면 위계상 다음 단계에 있는 다른 욕구가 나타

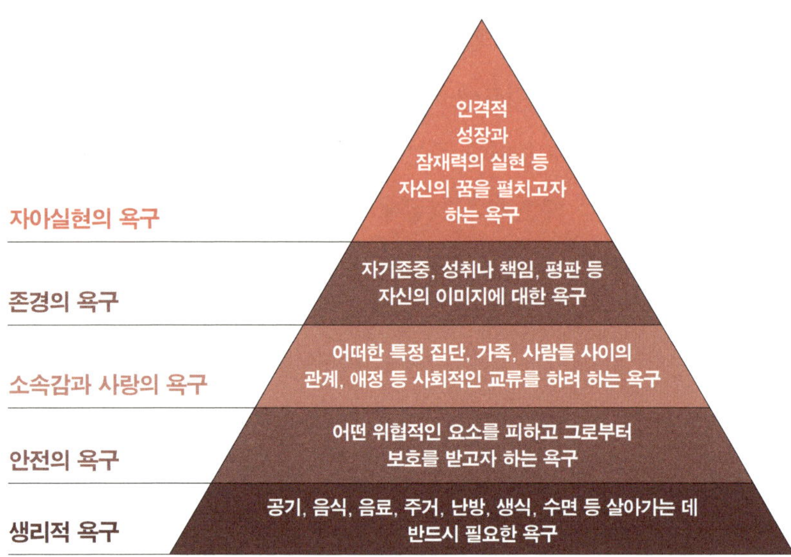

나서 그 충족을 요구하는 식으로 체계를 이룬다. 가장 먼저 요구되는 욕구는 다음 단계에서 달성하려는 욕구보다 강하고 그 욕구가 만족되었을 때만 또 그다음 단계의 욕구로 전이된다.

그림을 보면 아래로 갈수록 원초적인 욕구를 나타낸다. 맨 아래는 생리적 욕구로, 허기를 면하고 생명을 유지하려는 욕구로 의식주를 향한 욕구와 함께 성욕을 포함한다. 생리 욕구가 충족된 후 나타나는 욕구는 위험과 위협에서 자신을 보호하고 불안을 회피하고자 하는 안전의 욕구다. 즉 신체적, 감정적, 경제적 위험으로부터 보호받고 싶은 욕구를 의미한다. 다이어그램의 중간에 있는 세 번째 단계는 누군가를 사랑하고 싶은 욕구, 사람들과 친하게 지내고 싶은 욕구, 가족, 친구, 동료 등과 관계를 맺고 귀속이 되고 싶은 욕구다. 그다음 단계는 누군가에 의해 존경을 받고자 하는 욕구다. 주목과 인정을 받고 싶고, 자신의 역량을 끌어내며 자신감, 독립심, 자유와 같은 자존감을 얻고 싶어 한다. 마지막 최고 위 단계는 자아실현의 욕구다. 모든 단계가 충족된 후에야 비로소 채워질 수 있는 자아실현의 욕구는, 계속 발전하고 싶어 잠재력을 최대한 발휘하려는 욕구다. 다른 욕구와 달리 충족될수록 욕구는 더욱 증대되기에 '성장 욕구'라고도 한다. 알고 이해하고 싶어 하는 '인지' 욕구와 아름다움을 추구하는 '심미' 욕구 등이 여기에 포함된다. 후에 매슬로는 자아실현의 단계를 넘어선 자기 초월의 욕구를 주장했다. 자기 초월의 욕구란 자기 자신의 완성을 넘어서 타인, 세계에 기여하고자 하는 욕구를 뜻한다.

그렇다면 독서는 이 다섯 가지 욕구 중 어디에 해당할까? 바로 맨 꼭대기에 있는 자아실현에 해당한다. 수학은 그 바로 아래인 4단계에 해당한다. 3단계인 소속감은 아이의 습관과 태도를 결정 짓고, 2단계인 안전의 욕구는 아이의 정서와 심리적인 부분, 맨 아래는 생리적인 욕구로 아이의 가장 기본적 학습 동기를 결정한다. 1부터 4까지의 단계가 모두 채워져야 5단계가 쉬워진다. 앞에서 말한 것처럼 수학을 잘하는 아이가 국어를 잘하는 아이보다 공부를 잘하는 이유다. 그렇다고 독서가 수학보다 무조건 선행되어야 한다는 뜻은 아니다. 독서와 수학은 함께 가야 한다. 초등학교 4학년 때까지 발달하는 인지능력은 수학을 통해 기를 수 있지만, 독서는 학습의 포괄적 능력을 기를 수 있기 때문이다. 학년이 올라갈수록 독서가 더 중요해진다.

4차 산업화 시대에 필요한 역량은
독서에 달려 있다 ——

지금은 수학과 독서를 비교할 때 약 8:2의 비율로 학습을 시킨다. 국포자는 없어도 수포자는 있듯이 수학을 포기했다는 것은 공부를 포기했다는 말과 같을 정도로 수학은 어려운 과목이다. 그래서 학부모는 일찌감치 수학 공부를 통해 아이들의 성적을 올리기 위해 노력한다. 그러나 실은 그 공부의 정점에는 독서가 있다. 최상위권 학생들이 수학능력시험에서 전체 과목 중 1~2개 문항만 틀리는 경우를 보면 주로 국어인 경우가 많다.

중요한 것은 미래의 교육에 필요한 인재상이다. 4차 산업혁명의 시대에서는 수학도 중요하지만 국어, 즉 읽기능력이 무척 중요해진다. 지금도 흐름을 보면 교육 특구의 아이들은 오히려 국어 점수가 더 안 나온다. 그리고 수학보다는 국어가 표준점수에서 극명하게 차이가 난다는 걸 볼 수 있다. 독서가 중요한 이유는 독해력, 이해력, 핵심을 파악하는 능력이기 때문이다. 지문을 읽고 내용을 읽어 내려가는 온라인 수업에 있어 교사가 지문을 반복해 읽어주는 것은 가능하나 텍스트 자체를 이해하는 능력은 개개인의 독서능력에서부터 출발한다. 어릴 때부터 읽기 훈련을 통해 이해력과 문장 해석력이 길러진 경우, 즉 기초 체력이 기반이 되어 있는 경우는 상관없지만 그러지 못한 아이들은 어려움을 겪게 될 것이다. 오프라인 수업에서는 수학이 중요할 수 있지만 온라인 수업이 대두되며 블렌디드 러닝이 본격화될 경우 국어가 훨씬 중요해질 수 있다. 현재는 국어와 수학의 선행교육 비율이 8:2로 강조되어 왔다면 이제 5:5로 같은 비율로 가야 한다.

물론 수학은 놓치지 않고 잘해 나가야 한다. 수학을 통해 우리는 문제해결력을 키우고 다른 과목의 성장을 위한 기본 바탕을 만들 수 있다. 특히 수학을 푸는 능력보다는 수학 문제를 만들어내는 것이 더 중

온라인 교육이 본격화되면 독서로 다져진 기초체력이 훨씬 요구된다.

요하다. 이것이 창의력이고 문제해결력이기 때문이다.

내가 강연에서 늘 강조하는 부분인데 수학은 네 가지 기본 옵션을 항상 가지고 다닌다. 집중력, 암기력, 인내력, 논리적 사고력이 그것이다. 이 네 가지는 수학이 아니면 키울 수 없다. 그런데도 독서가 반드시 병행되어야 하는 이유는 추론능력, 독해력, 창의력을 키워주는 가장 효율적인 방법이기 때문이다. 따라서 향후 이루어질 교육의 방향에서는 갈수록 독서의 영역이 중요해질 수밖에 없다. 독서를 했던 아이들은 수학을 잘할 수 있는 기본을 갖추게 된다. 국어를 잘하는데 수학을 못 하는 아이보다 수학을 잘하는데 국어를 못 하는 아이가 더 많은 이유도 이 때문이다.

시대의 흐름을 놓친 교육은 정체가 아니라 오히려 시대를 역행하는 결과를 가져온다. 인문학이 미래의 융합형 인재상에서 빼놓을 수 없는 부분이라면 독서는 더욱 필수적이다. 이토록 확연히 드러나는 변화의 양상에도 여전히 '수포자'의 두려움 때문에 수학에 치우친 선행교육을 하는 것은 말릴 수 없다. 하지만 4차 산업화 교육이 가속화되고 있는 지금의 속도로 볼 때 독서와 수학의 균형을 잡고 성장하는 아이들과 그렇지 못한 아이들의 격차는 조만간 큰 폭으로 벌어질 것이 확실하다. 물론, 언제나 선택은 각자의 몫이다.

Mental

평범한 사람을
비범하게 만드는 힘

방송인이자 사회작가, 《아웃라이어》의 저자인 말콤 글래드웰은
자신의 책에서 '1만 시간의 법칙'에 대해 잘 설명하고 있다. 그
는 복잡한 업무를 수행하는 데 필요한 탁월성을 얻기 위해서는 최소
한의 연습량을 확보해야 한다는 연구 결과를 토대로 이야기한다. 그
것은 신경과학자인 다니엘 레비틴(Daniel Levitin)이 발표한 "어느 분
야에서든 세계 수준의 전문가, 마스터가 되려면 1만 시간의 연습이
필요하다."는 연구 내용이다. 많은 사람들이 전문가가 되기 위해 필요
한 '매직넘버', 그것이 바로 '1만 시간'이다. 여기서 1만 시간은 하루
3시간, 일주일에 20시간씩 10년간의 지속을 의미한다. 같은 시간을
들여도 격차가 벌어질 수는 있지만 확실한 건 이보다 적은 시간을 연
습해 세계 수준의 전문가가 탄생한 경우는 없었다고 한다. 말콤 글래

드웰은 말한다. "만약 우리가 무언가를 몇백 시간 연습한다면 분명코 많은 진전을 이루게 될 것이다. 그러나 이것은 인간이 지닌 가능성의 표면만 살짝 건드린 정도에 불과하다. 우리는 이후로도 계속 나아갈 수 있고 지속적으로 나아질 수 있다. 얼마나 나아지고 실력을 키울 것인지는 각자에게 달려 있다."

아인슈타인과 운전기사

독일 태생의 미국 이론물리학자인 알베르트 아인슈타인은 물리학계에 혁명을 가져온 천재 중의 천재다. 아인슈타인과 관련된 일화 중 운전기사 이야기는 매우 유명하다.

상대성 이론의 성공으로 엄청난 강연 요청에 쉴 틈 없이 바빴던 아인슈타인은 초췌한 얼굴로 조수석에 앉아 있었다. 그의 모습을 보다 못한 운전기사가 "제가요, 상대성 이론을 30번 넘게 듣다 보니 이젠 거의 외울 정도가 됐어요. 제가 박사님 대신 강의할까요?" 하고 제안을 했다. 어쩐지 아인슈타인과 외모에서도 닮은 구석이 많았던 운전기사는 그대로 옷을 바꿔 입고 강단에 올라섰다. 그동안 얼마나 반복적으로 아인슈타인의 강의를 들었는지, 누구에게도 들키지 않고 술술 강의를 잘 풀어나갔다. 표정 하나, 말투 하나까지 아인슈타인을 닮아 사람들은 전혀 눈치를 채지 못한 것이다.

그런데 문제는 마지막에 일어났다. 한 교수가 이론과 관련된 질문을 던진 것이다. 뒤에 앉아 있던 아인슈타인은 가슴이 철렁했지만 가짜 아인슈타인은 조금도 당황하지 않고 웃으며 말했다. "그 정도 간단한 질문은 제 운전기사도 답할 수 있습니다."

아인슈타인은 일찌감치 과학과 수학에 관심을 갖고 연구를 거듭한 끝에 뉴턴의 고전역학적 세계관을 마감한 인물로서 범세계적인 명성을 얻게 되고, 1921년에는 광전 효과[*]에 대한 공로로 노벨 물리학상을 수상하게 된다. 우리에게 아인슈타인은 인간이 사용할 수 있는 뇌세포의 최대치를 쓴 '천재'라고 인식되어 있다. 실제로 아인슈타인의 뇌가 특수했을 거라 여겼던 많은 신경과학자들은 아인슈타인의 뇌를 조사했다. 그들은 아인슈타인의 아래마루소엽(하두정소엽)이 평범한 이들보다 상당이 크며 모양 역시 특이하다는 것을 발견했다. 따라서 이러한 뇌의 특징이 추상적 수학의 사고능력에 중요한 역할을 했으리라 추측했다.

그러나 수학자와 비수학자의 해당 뇌 부위를 비교해본 연구자들은 자신들의 생각이 틀렸다는 걸 알게 됐다. 대체로 연구자들은 수학적 작업 기간이 길수록 아인슈타인처럼 아래마루소엽의 회백질이 많다는 사실을 발견한 것이다. 즉 해당 부위의 크기는 오랜 기간 수학적 사고를 해온 사람에게 더 증가되어 나타난 것을 알게 되었다. 아인슈타

커다란 업적을 이룬 사람들 뒤에는 상상할 수 없는 반복된 노력의 시간이 숨어 있다.

인의 오랜 기간 이어져 온 수학적 사고가 천재의 머리를 만든 것이다.

"나는 머리가 좋은 것이 아니다. 문제가 있을 때 다른 사람보다 좀 더 오래 생각할 뿐이다. 어려운 문제에 부딪힐 때도 많았지만 다행히 신은 나에게 예민한 코와 노새 같은 끈기를 주셨다."

아인슈타인의 말이다. 커다란 업적을 이룬 사람들 뒤에는 평범한 사람은 상상도 할 수 없는 수많은 노력의 시간이 있다.

멘탈이 머리를 이기는 시대가 온다 ——

서점 베스트셀러 순위에는 '습관'과 '지속하는 힘'에 대한 많은 책이 여전히 상위권을 차지하고 있다. 모든 사람이 '지속'에 대해 고민을 한다. 개인 상담을 통해 가장 많이 하게 되는 것이 바로 '계획을 지속하는 힘'에 관련된 것이다. 이는 성인이나 학생이나 마찬가지다. 어릴 때부터 늘 거창하게 계획만 세우고 지속을 하지 못하거나 한 번도 계획을 지켜보지 못했다는 것은 어른이 되어서도 그럴 가능성이 높다는 의미다. 그런 사람들은 학창시절 내내 교과서의 앞부분만 시커멓게 되고 뒷부분은 하얗게 빈 채로 남았을 것이다. 이런 경우는 어른이 되어서도 목표를 이뤄가기가 힘들다. 목표를 세우고 이루어내는 성취감, 성공 경험이 부재하기 때문이다.

상담을 해보면 조금만 싫어도 금세 하지 않겠다고 말하는 아이들이 있는 반면, 작은 성취 경험이 많아 스스로 계획을 세우고 점점 성장해 나가는 아이들이 있다. 후자의 경우 성인이 되어서도 자신감을 갖고 크든 작든 목표를 세우면 그것을 향해 체계적으로 돌진해서 반드시 이루어내는 모습을 보인다. 꾸준히 참고 노력했을 때 반드시 한계를 넘을 수 있고, 그것이 가져다주는 성취감이 얼마나 큰지를 경험한 사람은 인내를 즐기게 된다.

중요한 건 변화될 교육 환경에서는 이러한 지속성을 갖춘 학생이 훨씬 유리해진다는 사실이다. 온라인 수업뿐 아니라 오프라인 수업에서도 일정 시간 책상 앞에 앉아 꾸준히 학습하는 힘이 필요한데, 이렇게 지속하는 힘이 바로 '멘탈'이다. 디지털 시대로 바뀌는 교육의 흐름 속에서 멘탈을 갖춘 아이와 그렇지 못한 아이는 점점 격차가 벌어진다. 우리나라에서는 절대적 학습량이 많아야 성적이 잘나오는 경우가 많았지만 이제는 학습량을 늘리는 시대가 아니라 스스로 수업을 선택하고 설계해 나가야 하기 때문에 지속적인 힘과 습관이 중요해진다. 물론 개인의 성향이나 능력에는 차이가 있을 것이다.

지속하는 힘, 멘탈에서 중요한 건 반복학습이다. 반복하지 않으면 잊어버리지만, 반복하면 놀라운 성장을 거듭할 수 있다. 독일의 심리학자 헤르만 에빙하우스는 자신의 '망각이론'을 통해 다음과 같이 말했다. "망각의 속도는 요소의 개수, 해당 요소의 어려운 정도, 스트레스와 수면, 생리학적 요인 등 여러 가지에 의해 좌우된다." 그는 기본적 망각의 속도에는 개인 간에 약간의 차이가 있지만 기본 교육과 연상 기호 기술에 의해 그 차이를 극복할 수 있다는 가설을 세웠다. 그리고 다음의 방법이 기억력을 증진할 수 있는 유용한 방법이라고 주장했다.

첫째, 더 나은 기억의 표현(연상 기호 기술의 사용)

둘째, 활성된 기억의 반복: 여기서 전제는 다음 반복이 필요하기 전 학습의 각 반복(거의 완벽한 보존을 위해, 초기 반복은 수일 내에 필요할 수도 있다. 하지만 수년 후 나중에 할 수도 있다)은 최적의 학습 간격을 증가시킨다는 것이다.

에빙하우스의 망각 곡선(forgetting curve)

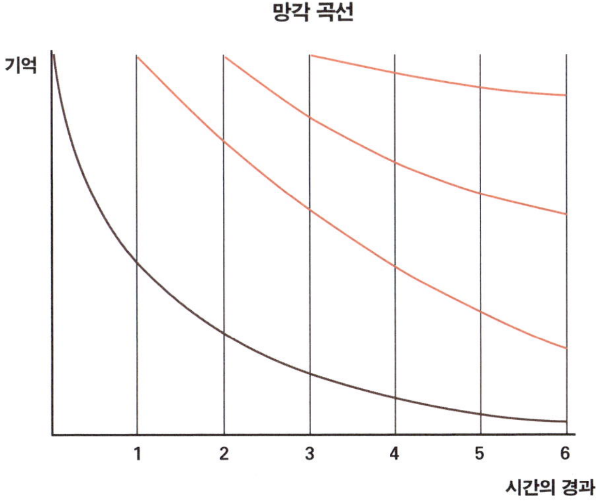

학습 후 24시간 뒤 기억에 남는 효과

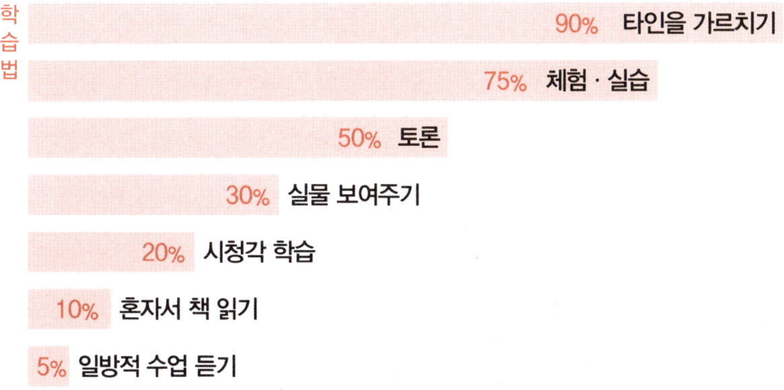

동기부여를 통한 멘탈 관리 ──

"우리 아이는 머리가 좋아서 그런지 반복하는 걸 너무 싫어해요."

아인슈타인의 사례를 보아서도 알 수 있지만 엄밀히 따지면 머리가 좋아서 반복을 싫어하는 것이 아니라 반복해야 할 충분한 동기부여가 되지 않았다는 편이 옳을 것이다. 동기부여에는 '결과 중심'의 동기부여와 '과정 중심'의 동기부여가 있다. 전자는 능력 위주를 말하는데 동기를 부여하면서도 결국 최종 성과로 평가하게 된다. 이 경우 종합적 학습능력 향상에는 도움이 될 수 있지만 결과가 좋지 않을 때는 자신의 능력을 탓하고 자신감도 잃게 된다. 새로운 도전이 불가능하고 소극적인 상태가 지속된다. 당연히 지속은 점점 힘들어진다. 반면, 과정 중심의 동기부여는 결과가 좋지 않더라도 실망하지 않고 더 노력해야겠다는 마음을 먹게 한다. 과정 중심은 노력 위주이기 때문이다. 따라서 실패를 통해서도 새로운 도전의식을 키울 수 있고, 과정에 만족하며 다음 목표를 향해 나아갈 수 있는 힘이 생긴다. 과거에는 열심히 일만 하는 개미형 인간이 성공했다면 이제는 자신의 모든 역량을 거미줄처럼 확산시켜 다양한 능력을 보여주는 거미형 인간이 성공한다. 결과 위주의 동기부여는 거미형 인간을 만들지 못한다.

많은 학부모가 자녀의 성과를 결과 중심인 성적으로 평가하곤 한다. 학부모뿐 아니라 교사도 우리 사회의 시선도 마찬가지이다. 대학에서 과정 중심의 평가를 위해 학생부종합전형을 도입했지만 우리 사회는 여전히 과정보다는 결과 중심의 사고로 학생을 재단하는 경향이 있다. 수능까지의 긴 과정에서 차근차근 단계를 밟아 성적과 학업성취도를 충분히 끌어올릴 수 있음에도 불구하고, 이러한 사회 정서는 아이들을 위축되게 하고 학습 과정의 즐거움도, 긍정적인 동기부여도 불러일으킬 수 없다. 따라서 공부를 할 때는 결과보다는 과정의 충실도를 체크하고 결과의 의미를 스스로 판단하게 해주는 것이 중요하다. 불만족이든 만족이든 결과를 스스로 평가하면 다음 목표도 스스로 정하게 된다. 실패를 하더라도 자신에게 있던 첫 마음과 동기는 여전히 남아 있다. 동기부여 자체가 스스로 공부의 의미를 알아가는 것인데 결과나 능력을 먼저 평가해버리면 긍정적 자아를 잃게 된다.

아인슈타인은 학교 정규수업에 잘 나가지 않아 '게으른 개'라는 별명을 얻기도 했지만, 실제로 자신이 원하는 과목을 듣기 위해 수업에 자주 빠졌다. 대신 추상적 물리학에 대한 깊은 열정과 관심으로 연구에 집중하고 인류에 남을 성과들을 이루어냈다. 흔들리지 않는 멘탈을 만드는 동기부여의 조건 중에는 '하고 싶은 것을 지속하는 것'도 포함된다. 공부를 아무리 해도 능률이 오르지 않는 것 같고, 열심히 하는데도 실력이 향상되지 않는다면 동기부여의 적합성에 대해 살펴보아야 한다.

어떠한 보상을 위해 행동하는 것을 외재동기라 하고, 보상이 아닌 공부 자체가 즐겁고 재미있어서 하게 되는 것을 내재동기라 한다. 공부 멘탈을 갖추기 위해서는 이 두 가지가 조화를 이루며 가는 것이 좋은데, 외재동기가 필요한 것은 늘 즐겁게 공부하는 것이 쉽지만은 않기 때문이다. 때때로 주어지는 보상들이 다시 주어진 목표에 도전하게 만든다. 그러나 학습에 대한 흥미와 자율성을 높이는 내재동기는 무엇보다 중요하다. 스스로 좋아하는 것을 할 때는 어떤 것도 장애가 되지 않는다. 오히려 장애를 극복하는 과정을 보람으로 느낀다. 자신이 하는 것에 대한 동기가 자기 안에 있기 때문이다.

재능이 있는 사람은 노력하는 사람을 못 이기고, 노력하는 사람은 즐기는 사람을 못 이긴다는 말이 있다. 좋아서 하는 것은 그 어떤 재능이나 노력보다 좋은 결과를 가져다준다. 공부도 마찬가지다. 남이 해주는 것이 아니라 자신이 직접 전략을 짜고 그때그때 목표를 정하는 것. 무엇보다 왜 공부를 하는지, 이 공부를 통해 궁극적으로 무엇을 이룰 것인지 분명히 인식하면서 간다면 훨씬 능률이 오른다. 미래 사회는 이러한 공부 멘탈을 갖춘 사람들이 세상을 주도할 것이다.

실패를 두려워하지 말라, 실패는 실험이다 ——

위대한 발명과 에디슨 필라멘트의 실패 이야기를 모르는 사람은 없을 것이다. 1821년 영국의 과학자 데이비가 발명한 '아크등'은 눈에 자극을 주는데다 수명도 짧아 실용적이지 못했다. 이를 본 에디슨은 모든 사람이 집에서 편안하게 사용할 수 있는 전구를 개발하겠다는 목표를 세웠다. 그러나 연구는 만만치 않았다. 필라멘트로 쓸 다양한 재료를 가지고 실험했는데, 그 수가 무려 1,600개나 된다. 그런데도 실험은 번번이 실패했고 전문가들은 전구를 개발할 수 없을 거라 판단했다. 어떤 사람은 에디슨의 연구를 쓸데없는 짓이라 비난하기도 했다. 또 어떤 기자는 '에디슨의 꿈이 물거품 되었다'고 보도하기도 했다.

에디슨은 "실패는 실험일 뿐."이라 말하며 실험을 멈추지 않았다. 그리고 어느 날. 저녁 식사를 하던 중 '무명실'이라는 아이디어를 떠올린 에디슨은 조심스럽게 탄화 무명실을 전구 안으로 넣었고, 드디어 전구에서는 황금색 빛이 뿜어져 나와 실험실을 환하게 비추었다. 전등은 아크등과는 달리 45시간을 비추었다. 에디슨은 13개월 동안 6,000여 종이 넘는 재료를 사용했고, 7,000번 이상 실험을 한 후에야 성과를 얻을 수 있었다. 이후로 훨씬 수명이 긴 전구가 개발되었다.

에디슨에게 실패는 실험일 뿐이었다. 7,000번의 실패를 해도 그에게는 실험이었다. 과학자들은 실패를 실험이라 생각하고 자기의 도전을 계속한다. 주위의 시선과 비난은 에디슨의 열정을 빼앗을 수 없었다. 수천, 수만 번의 실패는 오히려 그에게 더 강한 동기부여를 불러다 주었고, 어떤 비난 속에서도 흔들리지 않는 멘탈을 만들어주었다. 학교에서 '저능아'로 불리었던 그를 끝까지 믿고 응원해준 어머니도 그가 세계에서 가장 훌륭하고 위대한 발명가가 되는 데 큰 몫을 했을 것이다.

에디슨은 같은 연구를 7,000번 이상 반복한 끝에
인류의 역사에 남는 발명을 해냈다.

멘탈은 평범한 사람을 비범한 사람으로 만드는 힘이다. 그런데 이 멘탈은 타고나는 것이 아니라 반복하는 힘에서 생긴다. 즉 지속하는 힘은 습관의 힘이다. 에디슨처럼 필라멘트를 발명하기 위해 같은 행동을 무한 반복하는 데서 멘탈이 만들어진다. 에디슨의 조수는 "이제 그만 포기하라."는 말을 그에게 수없이 했지만 그는 조수의 말을 듣지 않았다. 아니, 들리지 않았다고 해야 맞을 것이다.

미래의 인재가 될 아이들이 멘탈을 갖추기 위해서는 가정교육이 가장 중요하다. 부모가 먼저 결과가 아닌 과정 중심을 통해 작은 목표들을 성취해나가며, 지속하는 습관의 힘을 몸소 보여주는 삶의 태도가 중요하다. 아이들 또한 그러한 부모의 모습을 그대로 보고 배운 후, 학교에 가서는 교사가 아이의 멘탈을 잡아줄 수 있도록 돕는 역할을 해야 한다. 그것이 온라인 수업까지 연결되어 사이클을 만들 때 비로소 블렌디드 러닝은 효율을 발휘한다. 특히 성장기 아이들의 멘탈은 매우 중요하다. 습관이 형성되는 3주를 넘기고 6개월을 지속하면 그건 일평생 가져가는 습관이 된다. 이 힘을 키워주기 위해 가정과 교육기관, 부모와 교사가 협력하여 노력해야 한다. 이를 위해 전문가를 양성해내는 국가의 투자 또한 필수적이다.

우리가 아는 '엘리트'들은 머리가 좋아서가 아니라 멘탈이 강한 사람들이다. 앞으로는 모든 학생이 엘리트가 될 수 있다. 여기서 '멘탈'은 반복할 수 있는 힘이기 때문이다. 물론 반복만이 정답은 아니다. 습관을 통해 우리의 태도를 바꾼다면, 우리는 그것으로부터 여유를 얻게 되고 그 여유는 더욱 창의적인 일에 투입할 수 있다. 더 중요한 일이 무엇인지를 발견해내는 것은 습관이 형성된 이후에 누릴 수 있는 여유다. 그래서 안데르스 에릭슨이 쓴《1만 시간의 재발견》에서는 '마법이 시작될 때까지 반복하라'고 이야기한다. 모든 엘리트는 의식에 매여 있는 자기 삶의 일부를 반복을 통해 습관으로 만든 후 여유를 확보한다. 머리가 좋아서 남들보다 공부하는 시간을 축약할 수 있기 때문에 여유가 생기는 게 아니라 반복된 습관이 여유를 가져다준 것이다. 안데르스 에릭슨은 말한다.

"우리 내면에는 좋은 습관이라는 늑대와 나쁜 습관이라는 늑대가 살고 있는데, 어떤 습관에 더 자주 먹이를 주는지에 따라 삶의 방향이 정해진다. 한번 먹이를 맛보기 시작한 내면의 나쁜 습관은 인생의 다양한 충동에 반응해 점점 몸집을 키워나갈 것이다. 그러다 어떤 상황에 이르면, 가령 극심한 스트레스를 받거나 정신력이 급격하게 떨어져 산만해지면 이 나쁜 습관이라는 늑대가 마음을 비집고 불쑥 튀어나온다. 그땐 아무도 이 늑대를 막을 수 없다. 인간의 충동적 본성은 인내심이나 자제력만으론 다스릴 수 없다. 오직 정교하게 설계된 습관의 힘으로만 통제할 수 있다.”

Humantites

과학기술에 영혼을 입히는 인문학

세인트존스 대학이나 시카고 대학은 학과도 없고 커리큘럼도 없다. 해마다 주어지는 고전 100권을 읽는 것이 커리큘럼이다. 1~2학년 때 목록에 있는 책들을 읽은 후 교수와 개별적으로 면담을 받는다. 교수는 면담을 통해 개개인이 전공 공부를 하는 데 부족한 점 등을 짚어주며 지도한다.

'문송(문과라서 죄송)'이라는 말이 있다고 한다. 과학기술이 중요시되면서 수학, 과학의 선행교육이 이루어지고 있는 시대에 인문학의 쓸모에 대한 이야기가 거론되기도 한다. 미래 사회에 과연 인문학이 필요할까, 하는 것이다. 세인트존스 대학이 세부 전공을 없애고 모든 학생이 독서를 통해 '인문교양학사'를 받는다는 것은 매우 파격적인 모습이다. 더욱이 이 대학교가 세계 최고 대학 중 하나로 손꼽힌다는

세인트존스 대학 고전 목록

1학년

1. 호메로스 《일리아스》 《오디세이아》
2. 아이스킬로스 《아가멤논》 《제주를 바치는 여인들》 《에우메니데스》 《결박된 프로메테우스》
3. 헤로도토스 《역사》
4. 플라톤 《고르기아스》 《메논》 《국가》 《변명》 《크라톤》 《파이돈》 《데아이테토스》 《소피스트》 《파이드로스》 《향연》 《티마이오스》
5. 소포클레스 《오이디푸스 왕》 《콜로노스의 오이디푸스》 《안티고네》 《아이아스》 《필록테테스》
6. 아리스토파네스 《구름》 《개구리》
7. 투키디데스 《펠로폰네소스 전쟁사》
8. 아리스토텔레스 《이코마코스 윤리학》 《정치학》 《물리학》 《형이상학》 《시학》
9. 루쿠레티우스 《사물의 본성에 관하여》
10. 에우리피데스 《박코스의 여신도들》

2학년

1. 《구약성서》 《신약성서》
2. 리비우스 《로마 건국사》
3. 플루타르코스 《플루타르코스 영웅전》
4. 베르길리우스 《아이네이스》
5. 타키투스 《연대기》
6. 에픽테토스 《담화론》
7. 아리스토텔레스 《영혼론》
8. 플로티노스 《에네아데스》
9. 아우구스티노스 《고백론》
10. 마이모니데스 《방황하는 자들을 위한 안내서》
11. 성 안셀무스 《프로슬로기움》
12. 토마스 아퀴나스 《신학 대전》
13. 단테 《신곡》
14. 초서 《켄터베리 이야기》
15. 마키아벨리 《군주론》
16. 몽테뉴 《수상록》
17. 베이컨 《신기관》 《새로운 아틀란티스》 《대혁신》
18. 데카르트 《방법서설》
19. 셰익스피어 《한여름 밤의 꿈》 《리처드 2세》 《헨리 4세》 《오셀로》 《멕베스》 《리어 왕》 《템페스트》 《뜻대로 하세요》

3학년

1. 세르반테스 《돈키호테》
2. 데카르트 《제일철학에 관한 성찰》
3. 파스칼 《팡세》
4. 밀턴 《실낙원》
5. 홉스 《리바이어던》
6. 스피노자 《신학 정치론》
7. 로크 《통치론》
8. 루소 《인간 불평등 기원론》 《사회계약론》
9. 스위프트 《걸리버 여행기》
10. 라이프니츠 《철학 논문집》
11. 흄 《인성론》 《도덕 원리에 관한 연구》
12. 워즈워스 《서곡》
13. 제인 오스틴 《오만과 편견》
14. 칸트 《순수이성비판》 《도덕 형이상학 기초》
15. 모차르트 《돈 조반니》
16. 애덤 스미스 《국부론》
17. 호손 《주홍글씨》
18. 《미국독립선언문》 《미합중국헌법》
19. 해밀턴, 제이, 매디슨 《연방주의자》

4학년

1. 톨스토이 《전쟁과 평화》
2. 헤겔 《정신현상학》
3. 토크빌 《미국의 민주주의》
4. 마르크스 《경제학 철학 수고》 《자본론》 《독일 이데올로기》
5. 키르케고르 《두려움과 떨림》 《철학적 단편》
6. 멜빌 《베니토 세레노》
7. 듀보이스 《흑인과 영혼》
8. 도스토옙스키 《카라마조프가의 형제들》
9. 드레드 스콧 《드레드 스콘 판결문》
10. 링컨 《연설문 선집》
11. 《대법원 판례집》
12. 니체 《선악의 저편》
13. 프로이트 《정신 분석학 입문》
14. 하이데거 《존재와 시간》
15. 버지니아 울프 《댈러웨이 부인》
16. 비트겐슈타인 《철학적 탐구》
17. 조이스 《더블린 사람들》

것은 우리에게 시사하는 바가 크다.

2018년 세인트존스의 카넬로스 총장은 한국을 방문하여 매우 통찰 있는 말을 남기고 갔다.

"과학기술은 매우 중요하지만 그 바탕은 인문학이다. 과학과 기술은 '어떻게(how)'에 대한 답을 주지만, 인문은 '무엇(what)'을 위한 고민을 하게 해주기 때문이다. 과학에 가치를 부여하고 기술에 영혼을 입히는 것은 인간이다."

이 말은 "현대 사회에선 코딩과 같은 과학기술 지식이 더 중요한 것이 아니냐."는 질문에 대한 답으로 나온 말이었다. 나는 아직도 카넬로스의 말을 되뇔 때마다 전율이 일어난다. 그는 과학에 영혼을 불어넣는 것이 바로 '인문학'이라고 말한다. 세인트존스 대학의 학생들은 4년 동안 소크라테스부터 니체까지 책을 읽고, 토론을 하고, 에세이를 쓴다. 무슨무슨 개론이니 하는 교과서는 단 한 번 펼쳐보지도 않지만 이 학교를 졸업한 학생들은 소위 대기업, 전문대학원, 로스쿨, 영향력 있는 단체 등 다양한 분야로 진출한다. 뉴욕타임즈는 세인트존스를 두고 '세계에서 가장 모순적인 대학'이라고 평하기도 했다. 고전을 깊이 탐색함으로써 가장 미래적인 대비를 하는 대학이라는 것이다.

카넬로스의 말에 의하면 구글에서 10년 동안 가장 높은 성과를 내는 이들은 공학적 지식을 갖춘 사람들이 아니라 협력 마인드, 창의성, 소통능력을 갖춘 이들이라고 한다. 이 모든 능력은 인문교양교육을 통해서만이 길러지는 역량이라는 점이 중요하다.

테크 중심의 사회에서 필요한 휴머니즘 ——

아들이 군대에 있을 때 예전과 확연히 달라진 군 문화를 보고 깜짝 놀랐다. 이제 군대에서는 일과가 끝나고 저녁 시간이 되면 휴대폰을 사용할 수 있게 해준다. 내가 군대에 가던 시절에는 축구 등의 스포츠를 하고 서로 부대끼며 전우애를 나누었는데, 이제 군대에서도 각자 휴대폰을 만지며 제각각 시간을 보내는 모습이 일상이 되었다. 단편적이긴 하지만 기계화된 세상을 보여준다. 식사 자리에서도 대중교통에서도 이제 이런 모습은 매우 일상적이다. 미래 사회엔 기계를 잘 다루는 것이 아이들에게 특기가 될 수 없을 정도로 자연스러워진다. 이런 변화 속에 인문학의 중요성은 더욱 강화된다. 디지털화가 될수록 아날로그의 감성을 가진 사람이 더 중요해진다.

지금은 인문학을 전공하면 먹고 살 게 없다고 말하지만 미래에는 오히려 인문학을 하는 사람이 더 필요해질 것이다. 구글의 연구결과에서도 보았듯 소통능력이 뛰어나고 협력을 잘하는 사람, 생각이 유연하고 인문학적 사고를 할 수 있는 사람이 희귀해지고 중요해진다. 일본에서는 이미 인문학의 중요성을 인식해 변화를 해나가고 있으며, 실제로도 인문학 전공자가 더 취업이 잘 되는 경향이 있다. 심리학 통계에 따르면 우리나라 아이들의 성향은 인문계와 이공계가 6.5 : 3.5의 비율이지만 고등학교에 들어갈 때는 반대가 된다고 한다. 이과가 많고 문과가 적어진다. 취업이 잘 안 된다는 이유로 문과 성향을 가진 학생들조차 이과를 선택하는 것이다. 그리고 자신에게 맞지 않는 과를 선택하기 때문에 나중에 진로를 찾지 못해 헤매는 경우도 허다하다. 이는 심각한 문제로 대두되고 있다. 기술이 발전하면서 이공계 사람들을 더 많이 원하게 된다는 인식 때문이지만, 테크의 시대가 정착되면 인문학이 더 강조될 수밖에 없다. 인문학은 개발의 깊이가 끝이 없기 때문에 인류가 가져가야 할 더 오랜 숙제로 남게 된다. '인구론(인문계 90%는 논다)'이라는 말이 생길 정도로 인문계를 비하하는 풍토도 사라질 날이 머지않았다.

앞 통계에서 보듯 사실 우리나라는 문과의 성향을 가진 사람이 더 많다. 서양 철학은 과학에 바탕을 두고 있지만 우리나라는 성리학을

디지로그(Digilog)의 시대

디지로그의 시대에는 디지털적 교육방식과 아날로그적 감성이 조화를 이루어야 한다.

기반으로 하기 때문이다. 카넬로스 총장의 말처럼 인문학이 바탕이 된 위에 발달하는 과학과 기술이 인류에게 더 큰 혜택을 가져다줄 수 있다. 인문학이 부재한 상태에서 기술과 과학이 발전한다면 가속도가 붙을수록 인간의 영혼은 더 피폐해지고 소통은 혼란스러워질 것이다. 어느 영화에서 보았듯 기계와 같은 인간이 득실거리는 세상이 올지 모른다.

이에 따라 현재 시급한 문제는 바로 사회적 인식의 변화와 사고의 전환이다. LG에서 인문계 위주로 채용을 시도한 것처럼 우리나라의 많은 기업들이 이제 변화해나갈 조짐을 보이고 있다. 기업에서 더욱 필요한 건 기술보다도 소통이며, 스펙보다는 인문적 소양이라는 것을 절감했기 때문이다. 미래에는 인간에 대해 더 많이 알고 공감능력과 소통능력이 뛰어난 사람이 훨씬 높은 사회성과 가치를 발휘하게 된다. 즉 디지털과 아날로그가 결합된 디지로그 시대에는 아날로그적 감성이 필수적으로 요구된다.

실행역량이 아닌 설계역량이 필요한 시대 ——

인문학(人文學, humanities)은 자연과학과 대비되는 학문으로 인문 과학이라고도 한다. 인간의 근원문제, 인간의 문화, 인간의 가치, 인간만이 가진 표현능력을 이해하기 위한 학문으로 인간의 사상과 문화에 대해 탐구한다. 이는 곧 인간이 어떤 존재이며 어떻게 살아왔고 어떻게 살아갈 것인가의 문제와 직결된다. 인간에 대한 가치탐구가 빠진 상태에서의 학문은 의미가 없다. 점점 독서를 하지 않는 문화적 풍토 또한 그래서 위험하다. 미래의 아이들은 인문학적 사고의 바탕 없이 자라날 것이기 때문이다. 3차 산업혁명까지 요구된 실행역량으로 인해 기술이 중요시되어 왔다. 일본, 영국 등은 산업혁명을 기점으로 100년이라는 시간 동안 차곡차곡 쌓아온 것을 우리나라는 몇십 년으로 앞당겨 최대한 빨리 이뤄낸 것이다. 물론 그러한 실행역량이 우리나라를 성장시킨 것은 사실이지만 이제는 실행역량이 아니라 설계역량이 필요한 시대가 되었다. 설계역량이란 고부가가치의 제품과 서비스를 창출하기 위해 새로운 것을 만들어낼 수 있는 역량으로 시행착오를 거쳐 끊임없는 축적을 통해서만 만들어낼 수 있다.

자신의 암묵지(暗默知, Tacit knowledge, 학습과 경험으로 체화되어 겉으로는 드러나지 않는 지식 혹은 노하우)를 끌어내야만 창의력이 생긴다. 기술력, 속도만으로는 할 수 없는 것이 바로 창의적인 활동이다. 4차 산업혁명에서 중요한 것은 자신의 생각, 암묵지 등을 끌어내어 역량을 발휘하는 것이다. 이러한 사고는 인문학으로만 가능하며 인문학은 독서를 통해 쌓을 수 있다. 선진국들이 100년에 걸쳐 쌓아온 기술 혁명 뒤에는 인문학적 베이스가 공존한다. 오랜 시간 공을 들여 그 토대를 놓치지 않고 가지고 온 것이다. 세인트존스와 같은 대학이 고전 읽기를 통해 인재를 양성해내는 방식처럼 말이다. 우리나라에선 상상도 할 수 없는 일이다.

인문학의 가치탐구가 빠진 과학기술의 발전은
인간의 영혼을 피폐하게 만든다.

카넬로스 총장은 "대학이 왜 존재하는가."라는 질문에 다음과 같이 대답했다.

"대학은 인간을 성찰하고 세상을 바라보는 비판적 사고방식을 기른다. 세인트존스는 학생이 이런 판단능력을 키우도록 돕는다. 우리가 교수를 'Professor'가 아닌 'Tutor'라고 부르는 이유다. 교수는 학생을 가르치는 게 아니라 단지 도울 뿐이다."

카넬로스는 전공에 대한 공부는 대학원에 가서 해도 된다고 말한다. 대학에서는 독서를 통해 생각하는 힘을 키워야 하고, 급속도로 발전하는 과학기술로 인해 메마른 감성을 인문학으로 채워야 한다고 말이다.

AI가 세상의 많은 부분을 지배하는 시대가 도래한다면 인간의 핵심역할은 무엇이 되어야 할까. 모든 교육기관은 인간만이 할 수 있는 고유의 영역을 오롯이 감당해낼 수 있는 인재를 기르기 위한 방향을 잡아나가야 한다. 단순히 수학능력시험을 잘 치르기 위한 고전 읽기가 아닌, 인간의 존재와 가치를 이해하고, 발전된 테크 시대에서도 공감과 소통이 부재하지 않는 세상을 설계해나갈 인재를 키우기 위한 인문학 공부가 필요한 것이다.

포스트 코로나 시대, 교육 이대로 괜찮은가?

－운현초등학교 교사 이보용

지난 100년간 코로나19와 같은 대유행 전염병이 존재하지 않았기에 코로나 사태 이후 전 세계적으로 새로운 패러다임이 등장할 것이라 예고합니다. 교육의 분야도 예외는 아닙니다. 코로나19의 특성상 사람과 사람과의 접촉을 금하거나 멀리해야 하기 때문에 기존의 대면 방식으로 이루어졌던 교육 현장에는 엄청난 변화의 바람이 불고 있습니다. 온라인 수업, 계속된 학사 일정의 변동, 평가의 어려움, 생활지도 불가, 교육의 정체성에 대한 회의 등 지금 교육 현장 속에 있는 많은 사람들이 코로나 사태가 가져온 너무나도 빠르고 예측하지 못한 변화에 혼란과 불안을 느낍니다. 결국 교육에도 패러다임의 전환이 필요한 시기입니다.

• 급변하는 교육 현장에서 느끼는 불안과 혼란

세계는 불과 두 달 만에 완전히 미래 사회 시스템으로 진입함과 동시에 구조화되고 있습니다. 온라인 학습을 당연시하는 사회에서 학교 교사들은 학원 강사, 인강 강사, 온라인 플랫폼 콘텐츠와 비교되었으며 더욱 입지가 좁아지고 있습니다. 교육도 이제 온라인 플랫폼 산업이고 에듀테크가 책임질 거라는 불안이 현실화되는 추세입니다.

온라인 수업과 등교수업이 진행되는 과정에서 드러났듯이 우리 교육의 구조는 관(교육부나 시도교육청) 중심의 수직적 구조이며 정부나 교육부, 시도교육청의 통제가 더욱 강화되었습니다. 그 결과 학교의 3주체(학생-교사-학부모)가 종속적으로 교육정책과 방향에 따르게 되었고 교육자치와 학교자치는 더욱 요원해졌습니다. 결국 학교는 스스로 생명력을 갖고 변화에 능동적으로 대처하는 주체가 아니라 교육부와 교육청의 지침과 지도를 따르는 전통적 교육기관으로 서서히 생명력을 잃어갈 것입니다.

• 교수자와 학습자의 역할 변동

현재 교육 분야에서 교수자(교사)와 학습자(학생)의 역할 변동은 거스를 수 없는 흐름입니다. 하지만 여전히 전통적인 교육의 프레임에 갇혀 있는 것이 우리 교육의 현실입니다. 포스트 코로나 시대의 교육은 불확실성과 지나치게 빠른 변화에 대비해 자기주도적으로 생각하고 창의융합형 인재를 양성하고자 하지만, 아이러니하게도 교육 현장은 여전히 전통적 방식을 취하고 있어 작금의 비대면(언택트) 교육이 혼란스러울 뿐입니다.

코로나19로 인해 이제는 원격교육, 비대면 교육을 이론뿐만 아니라 현실에 구현해야 하는 시대가 되었습니다. 따라서 전통적 방식의

교수자-학습자의 역할에서 벗어나 새로운 역할로의 변화에 적응해야
합니다. 즉 교수자는 지식을 가르치는 사람이 아니라 방향을 가리키
는 사람의 역할로 변해야 하며, 학습자는 단순히 배우는 사람이 아니
라 능동적으로 학습을 실천하는 사람이 되어야 할 것입니다.

STEAM

아이돌과 트롯가수

얼마 전 텔레비전을 보다 깜짝 놀랐다. 태권도를 하면서도 호흡 하나 흐트러지지 않고 노래를 부르는 트롯 가수를 본 것이다. 20년 넘게 단 한 번도 빠지지 않고 조기축구회에 나갔다고 자부했던 나의 체력이 무색해지는 순간이었다. 로봇도 아닌데 어떻게 저럴 수 있지, 라는 생각에 입을 벌리고 텔레비전을 보았다. 노래도 춤도 어찌나 잘하는지 프로그램이 끝나고 여운이 가시지 않았는데, 아니나 다를까 온 세상이 그 가수뿐 아니라 기타 여러 트롯 가수들로 시끌벅적해지기 시작했다. 두세 가지 이상 재능을 가진 젊은 친구들이 나와 예전에는 상상도 할 수 없었던 퍼포먼스를 펼치는 걸 보니 입이 절로 벌어졌다. 지금은 어느 방송을 켜나 예능이든 광고든 트롯 가수들이 대세다. 예전에는 나이 든 사람들의 전유물이라고 생각했던 트롯이 남

녀노소 불문하고 인기 장르가 되었다. 가수들의 낮아진 연령과 트롯
이라는 다소 올드한 느낌을 주던 장르가 융합이 되니 독특한 장르로
확산이 된 것이다.

트롯 오디션에 참가한 사람들은 어느 한 가지만 잘하는 게 아니었
다. 판소리를 하던 사람, 성악을 하던 사람, 운동을 하던 사람, 과거에
아이돌이었던 사람, 또 다른 많은 재능을 가진 사람들이 나와 실력을
뽐냈다. 예전에는 아이돌이 대세였으나 요즘 트롯 가수들이 각광을
받는 이유는 다양한 장르를 모두 소화해내며 가는 데다 진정성까지
느껴지기 때문이다. 물론 아이돌들도 다양한 재능을 가지고 있는 사

요즘 트롯 가수들은 다양한 장르를 모두 소화하며 새로운 즐거움을 선사한다.

람들이 많다. 얼마 전 기사를 보니 헤드라인이 "BTS 위에 아무도 없다"였다. 방탄소년단은 빌보드차트 1위를 차지하며 전 세계에서 가장 인기가 많은 가수로 자리를 잡았다. BTS를 비롯해 젊은 트롯 가수들의 특징을 보면 어느 한 가지의 재능에만 국한되어 있지 않다는 걸 알 수 있다. 노래, 춤을 넘어 운동, 어학, 미술 등 다양한 분야에서 뛰어난 재능을 보인다. 이러한 인재들을 '융합형 인재'라고 한다.

STEAM, 융합과 문제해결력 ——

몇 년 전부터 스팀, 스팀 하는 말을 들어보았을 것이다. STEAM은 미국에서 먼저 생겨난 개념으로, 우리나라의 경우 세계적인 수준에서 봤을 때 수학, 과학이 매우 높은 수준에 있지만 그에 대한 흥미도가 굉장히 떨어진다는 인식하에 2011년부터 도입하게 된 교육 개념이다. 2011년 42개국을 대상으로 실행된 국제교육성취도평가협회(IEA) 평가에서 우리나라 중학교 2학년 학생의 과학 성취도는 세계 3위, 수학 성취도는 1위를 차지했다. 그러나 과학에 대한 흥미도는 11%로 국제 평균인 35%에 비해 크게 뒤처져 있으며, 수학 역시 8%로 평균값인 26%에 비해 매우 낮은 수준이라는 결과가 나왔다. 이러한 현상은 암기 위주의 수업 방식이 가져다준 문제라고 판단해 도입하게 된 것이 STEAM 교육인 것이다. 교육부는 2011년부터 초·중등학교에

STEAM 교육을 강화하라고 말하며 이와 관련된 교육과정과 프로그램을 제안하고 미래형 과학기술 교실과 수업모델을 개발하고 있다.

STEAM 교육은 과학기술에 대한 학생의 흥미와 이해를 높이고, 과학기술을 기반으로 한 융합적 사고력과 실생활 문제해결력을 길러주는 교육을 의미한다. STEAM은 Science(과학), Technology(기술), Engineering(공학), Arts(인문·예술), Mathematics(수학)의 머리글자를 모아놓은 말이다. 미국과 영국, 호주 등에서는 STEM이라 하여 과학기술 분야의 우수 인재를 양성하기 위한 교육을 실시하고 있다. 우리는 여기에 A(인문, 예술)을 더해 창의성을 기르는 교육을 포함해 STEAM이 되었다. STEAM 교육은 이제 과학기술 분야에 대한 흥미를 넘어 과학기술의 원리를 이해하고 과학, 수학 교과에서 도달해야 할 성취기준을 달성해 관련 분야의 인재를 길러내는 데 그 목표를 둔다.

STEAM 교육의 특별한 점은 매일 접하는 실생활 속에서 문제해결력을 키울 수 있다는 점이다. 우리는 지금껏 교과서를 통해 주입식으로 가르침을 받아왔다. 이미 완성해 놓은 지식과 개념을 정해진 순서대로 배워야 한다. 배운 것들이 실생활에 적용될 수 있다고 생각하기 힘들기 때문에 학생들의 흥미는 떨어질 수밖에 없다. '잘 모르는 거네. 또 외워야 하는구나.'라고 받아들이기 쉽다.

이렇게 교과서를 암기한 후 문제를 푸는 방식, 점수가 공부의 전부라고 생각하게 만드는 방식으로는 학생들이 학문에 대한 호기심과 흥미를 가질 수 없다. 우리가 무엇을 배운다면 그것을 왜 배워야 하는지, 어디에 써먹을 수 있는지, 내가 가까이 접해 있는 실생활 속에서 어떻게 적용될 수 있는지 등을 이해할 때 비로소 흥미가 생긴다. STEAM 교육은 이렇게 실생활과 연계하여 과학과 수학의 이해도를 높인다. 따라서 교육의 내용 또한 고정된 개념이 아니라 실생활에서 마주할 수 있는 여러 소재를 이용해 맥락을 구성하는 방식으로 진행된다.

상담 중 어떤 학생이 "대체 교과서에 있는 내용을 어디다 써먹으라고 이 많은 걸 다 배우는 거죠?"라는 영특한 질문을 던진 적이 있다. 우리가 배우는 모든 내용은 실생활 문제(real world problem)를 풀기 위함이다. 삶 속에서 일어날 수 있는 모든 문제 앞에 우리가 배운 여러 교과의 지식을 하나로 연결해 활용해야 한다. 그때야 비로소 문제가 해결된다. 이 과정에서 자연스럽게 융합이 이루어진다. STEAM 교육의 수업이 반드시 S, T, E, A, M 중 두 개 이상의 교과나 요소를 포함해야 하는 것도 이러한 이유 때문이다. 문제를 가운데 놓고 이를 다각도에서 바라보며 고민하고 탐구하는 교육, 그것이 STEAM 교육인 것이다.

STEAM 교육은 목표가 아니라 수단이다 ──

따라서 일반교육과 STEAM 교육의 가장 큰 차이는 바로 '융합'이다. 4차 산업혁명 시대의 경쟁력은 '누가 더 많은 지식을 보유하고 있는가'가 아니라 그 지식을 '어떻게 융합에 활용하는가'에 달려 있다. STEAM에서 강조되는 '융합적 소양(STEAM Literacy)'은 다양한 지식을 활용해 문제까지도 해결할 수 있는 능력을 의미하기 때문에 STEAM을 실행하는 교사들이 가장 많이 고민하는 부분도 바로 '융합'이다. '프로그램을 어떻게 구성하고 활용해야 하는가'에 대한 고민이 요구된다. 실제로 STEAM 교육을 실행하기 시작한 초기 단계에는 각 분야를 어색하게 연결하는 사례가 많았다. 그러나 융합은 목적이 아니라 수단이다. 목적은 문제 해결이며 여러 분야를 융합하는 힘을 키우는 것이 바로 STEAM 교육이므로, STEAM이 추구하는 융합의 궁극적인 형태는 실생활 속에서 나타나는 '자연스러운 융합'이 되어야 한다. 각 분야 중 주제, 문제와 관련된 것들, 문제 해결에 필요한 것들을 끄집어내 자연스럽게 연결할 수 있어야 한다.

STEAM 교육은 다음 세 가지 단계로 구성된다. 먼저 상황을 제시하여 학생이 문제 해결의 필요성을 느끼도록 한다. 그다음 학생은 이 문제를 해결하기 위한 방법을 스스로 설계한다. 이 과정에서 창의성이 요구되며 문제해결력이 배양된다. 마지막으로 학생이 스스로 문제를 해결함으로써 성공 경험을 하게 되고 성취감을 통해 새로운 다음 문제에 도전하게 된다.

STEAM 교육은 현재 대학교, 연구기관, 교사연구회, 선도학교 등에서 개발한 다양한 STEAM 프로그램에 대한 자료와 정보를 통해 제공

- **상황제시 Context Presentation**
: 학습 내용을 학생 자신의 삶과 관련이 있는 실생활 문제로 인식하게 함으로써 몰입의 동기부여 제공

- **창의적 설계 Creative Design**
: 학생 스스로 문제를 정의하고 창의적인 아이디어로 문제를 해결해나가는 활동

- **감성적 체험 Emotional Touch**
: 학습 과정에서 학생들이 느끼는 흥미와 몰입, 성패의 가치, 도전의지 등 다양한 경험과 성찰을 강조

되고 있다. 대학에서는 주제별 프로그램을 통해 교육과정과 연계하거나 일부를 도입하는 모듈 형식으로 구성하여 활용한다. 첨단소재 등의 신선한 소재를 중심으로 프로그램을 만들기 위해 노력하고 있으며, 정규수업뿐 아니라 동아리활동에도 적용하고 있다. STEAM은 학교뿐 아니라 기업이나 연구소에서도 개발을 하고 있다. 방문하여 직접 체험을 할 수 있도록 하고 있으며, 수업 시간에도 활용 가능한 프로그램을 개발해 제공한다. 교사연구회에서는 선생님들이 STEAM 교육에 관한 프로그램을 만들기 위해 다양한 수업 노하우를 반영하기 위해 머리를 맞대고 있다.

초등학생부터 대학생, 학부모들까지 20년 넘게 상담을 해오면서 사람들의 변화를 피부로 느낀다. 특히 "요즘 아이들은 달라요." 하고 입을 모아 말할 때 그것이 이 시대의 어른들에게는 매우 복합적인 의미라는 것을 알고 있다. '요즘 젊은 애들 이해를 못 하겠어.'가 아닌 우리 세대들이 가지지 못한 글로벌한 의식, 한 가지에 국한되지 않고 다양한 능력을 동시에 지닌 신인류들을 바라보는 경이로움이 내포된 말일 것이다. 다양한 교육기관, 교육자들이 융합형 인재, 문제해결력을 지닌 인재, 자신이 배운 것을 하나로 꿰어 실생활 속에 활용할 수 있는 인재를 양성하기 위한 노력이 이루어내는 결과들일지 모른다. 그래서 나를 포함 교육자들은 미래를 위한 오늘을 준비해야 한다. 문제해결력은 세상을 살아가는 힘이다. 그 힘을 키워주는 것은 어른이 후대에게 줄 수 있는 최고의 선물이다.

Neuro feedback

뇌를 최적화하는
습관의 힘

뉴로피드백이라는 것을 아는가. 뉴로피드백은 특정 뇌파상태를 유도해 뇌신경을 발달시켜 뇌 기능과 뇌 건강을 증진시키는 뇌 훈련 방법이다. 1958년 시카고대학의 조 카미야(Joe Kamiya)가 알파파 임상 실험에 성공한 것으로 적극적인 연구가 시작되었다. 이후 1965년 베리 스터먼(Barry Sterman)이 뉴로피드백을 통한 면역 기능 향상 효과가 있다는 것을 확인했고, 1971년 간질 환자에게 뉴로피드백을 적용하여 치료에 성공했다. 현재 뉴로피드백은 질병을 치료하는 목적으로도 널리 쓰이고 있지만, 명상과 같이 인간의 내면세계를 밝히는 데에도 활용되고 있다.

개에게 먹이를 줄 때 먼저 종을 치고 주면 나중에는 종만 쳐도 개가 침을 흘리게 되는 '조건반사' 실험은 모두 잘 알고 있을 것이다. 이 실험은 선천적인 생리 반응이 반복적 조건 학습에 의해 통제될 수 있음을 보여준다. 쾌락욕구뿐 아니라 고통 역시 이렇게 통제가 가능하다는 것을 러시아의 파블로프 박사는 보여주었다. 이 실험을 시작으로 뒤이어 많은 과학자들이 인간의 자율신경 기능을 조절할 수 있다는 것을 증명했고, 80여 년 동안의 실험을 통해 사람이 자신의 뇌파를 조절할 수 있다는 개념에 도달하게 된다. 뉴로피드백을 통한 뇌 훈련은 면역력을 강화하고 신체와 정신의 조절능력을 향상시켜 긍정적 사고, 진취적 활동에 영향을 미친다.

뉴로피드백은 질병 치료 목적으로 널리 쓰이고 있지만, 다른 한편에서는 명상과 같이 인간의 내면세계를 밝히는 데에도 적용됐다. 실제로 뉴로피드백은 명상과 결합하여 새로운 긍정심리학 치료법으로 도입되기도 했다.

뉴로피드백, NASA 우주비행사들의 훈련법 ——

우리나라에서 뉴로피드백은 주의산만, 과잉행동, 충동적 행동을 일으키는 ADHD(주의력 결핍, 과잉행동증후군)의 치료에 혁명적인 바람을 일으켰던 치료법으로 잘 알려져 있다. 어릴 때 ADHD를 잡아주지 못할 경우 자신감 저하, 정서불안 등이 가속화되어 사춘기에 접어들면 큰 후유증을 불러온다. 뉴로피드백은 아이가 나타내는 문제적 행동을 다른 방법이 아닌 뇌파 훈련을 통해 해결하도록 한다. 행동을 일으키는 근본적인 두뇌 기술을 개선시켜주는 것이다. 암기가 잘 안 되는 아이에게 암기 기술을 알려주는 것이 아니라 암기를 담당하는 두뇌의 기능을 강화함으로써 암기력을 향상시키는 것처럼 말이다. 우리의 뇌 신경은 한 가지 기전(其前)에 문제가 있을 경우 여러 행동 문제가 나타날 수 있다. 따라서 문제가 되는 한 가지 기전만 좋아지면 여러 문제의 행동이 동시에 개선될 수 있다는 것이 뉴로피드백 치료의 놀라운 점이다. 더불어 이 훈련은 ADHD가 치료된 후에도 그 상태를 유지하는 데 도움을 준다.

의학박사인 베셀 반 데어 콜크(Bessel van der kolk)는 자신이 쓴 《몸은 기억한다》에서 뉴로피드백에 대한 이야기를 한다. 그는 10년 동안 뉴로피드백을 활용해 청소년들을 치료해온 세번 피셔(Sebern Fisher)를 만나 10세 아동의 치료 전후를 보게 됐다. 극심한 분노 발작, 학습 장애와 함께 자율성 형성이 되지 않아 학교생활을 따라가지 못하던 아이가 치료를 받았는데, 5주 동안 20회 뉴로피드백을 받은 후 분노 발작이 줄었다고 한다. 또 5주 동안 아이가 그린 그림의 변화를 보자 점점 정교성 면에서 크게 개선이 되더니 총 40회 치료를 마친 후에는 행동 역시 정상 수준으로 개선되었다.

이렇게 치료에 있어 탁월한 효과를 보였던 뉴로피드백은 이제 치료를 넘어 우리가 사용하던 뇌의 영역을 확장하고 활성화시킬 수 있다는 것에 초점을 맞춰 개발되고 있다. 실제로 뉴로피드백은 집중력 향상, 시험 불안, 게임중독 등에도 탁월한 효과를 보인다. 일찌감치

1960년에 NASA에서는 우주비행사들을 대상으로 뉴로피드백 훈련을 했다. 또 한국국가대표 양궁선수단이 뉴로피드백 집중력 훈련 후 2016 브라질 리우올림픽 금메달을 획득했다는 기사가 나오기도 했다.

뇌를 최적화시키는 습관의 힘, 뉴로피드백 ──

운동을 하면 근육이 생기듯 뇌도 신경 운동을 하면 뇌세포가 활성화된다. 간단히 말하면 뉴로피드백이란 바로 뇌의 신경 운동을 활성화시켜 뇌를 발달시키는 훈련이다. 그런데 뇌신경 운동을 활성화시키려면 습관이 필요하다. 우리 뇌는 반복을 하면 '중요한 거구나.'라고 생각한다. 그래서 습관을 통해 뇌가 중요하다는 인식을 갖게 하고 뇌신경을 활성화시키는 것이다. 이를 통해 뇌의 새로운 회로가 활성화된다. 산에 길이 없는데 사람들이 자꾸 다니면 길이 되듯이 뇌 역시 자꾸 반복을 하면 새로운 회로가 형성되는 것이다. 일단 회로가 형성되면 다른 회로와도 연결하여 활용이 가능한데, 회로 자체가 형성이 되지 않은 아이들은 다음 단계로 이어질 수가 없다. 공부에 점점 흥미를 잃어가는 아이들의 경우 습관의 힘이 결여되어 있고, 이에 따라 뇌의 회로 자체가 형성되지 않은 경우가 많다.

뉴로피드백은 뇌를 최적화시키는 습관의 힘을 끌어내는 훈련이다. 관심이 없는 분야나 잘 모르던 것을 하려면 엄청난 에너지가 필요하

다. 독서를 안 하던 사람이 독서를 하거나 운동을 안 하던 사람이 헬
스장에서 몇 시간 동안 있으려면 처음엔 몸이 뒤틀리고 힘이 든다.
10분이 1시간처럼 느껴진다. 그런데 그것을 꾸준히 지속한다. 하루,
이틀, 일주일, 3주가 지나면 저항하던 뇌에 스냅스가 형성되면서 조금
씩 편안함을 느낀다. 학습도 마찬가지다. '공부'에 대한 저항감으로 책
상 앞에서 졸던 아이가 일정 시간 계속 책상에 앉아보고, 정리정돈도
해보고, 주변에 전자기기를 차단한 채 책을 읽기 시작하고 그것이 반
복되면 뇌의 저항이 도와주는 작용으로 바뀌면서 습관을 형성하게 된

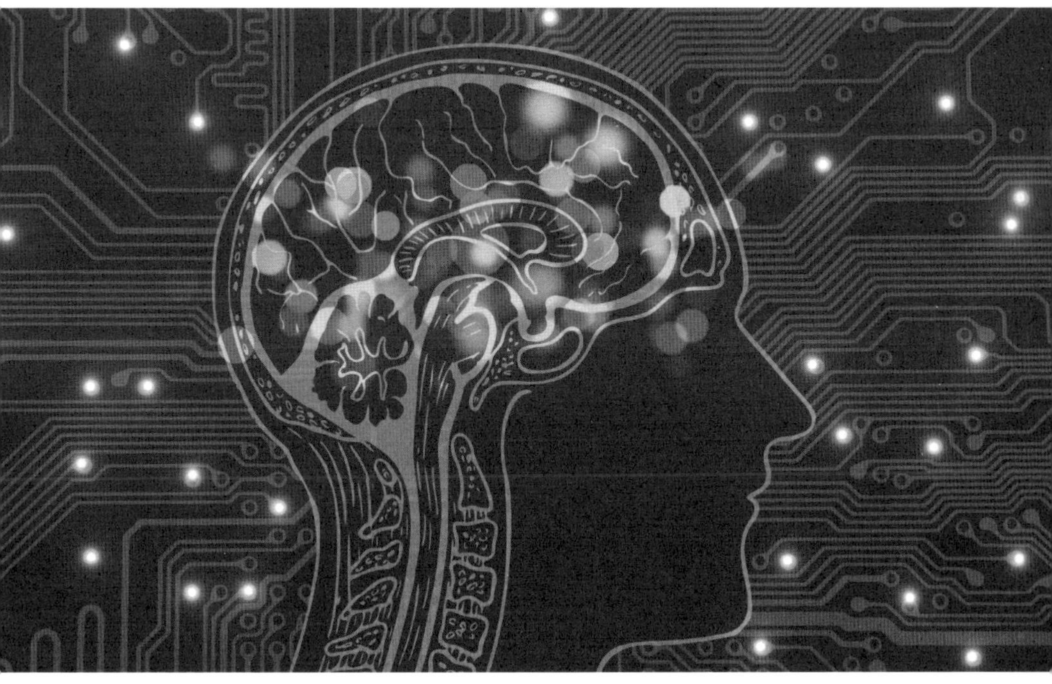

뇌는 평생 끊임없이 변하고 발전한다.

다. 그리고 이 습관이 뉴로피드백 훈련으로 이어진다.

　뇌는 끊임없이 발달한다. 아인슈타인은 계속 같은 실험을 반복함으로써 자신의 뇌를 최적화시키고 끝없이 발달시켰다. 일정한 시간에 일어나 일정한 시간에 책상에 앉기, 책상 정리정돈하기, 공부에 방해되는 휴대폰, 전자기기 치우기처럼 작은 패턴을 정하고 그것을 반복하면 놀라운 일이 일어난다. 2주를 반복할 경우 뇌는 아이가 책상에 앉아 있는 동안 집중력을 발휘한다. 오늘 어떤 과목을, 어떤 교재로, 얼만큼의 분량을 공부할지, 일정한 시간과 기한을 정해서 반복하는 습관도 학습 효과를 높여준다. 저항을 일으키던 뇌는 돕는 작용으로 바뀌면서 최적화상태로 바뀐다.

- 수태후 4주 : 출생 시 1,000억 개 뇌세포 생성
- 3세까지 : 신경 네트워크 조직화 10조 개 이상 생성
- 3~6세 : 고도의 정신활동을 주관하는 전방 전두엽의 완성
- 7~15세 : 전체적인 뇌의 완성 시기
- 15~30세 : 발달속도 둔화
- 30세 이후 : 점점 쇠퇴하지만 훈련에 의해 죽을 때까지 뇌세포가 발달할 수 있음

　우리의 좌뇌는 언어, 이해, 수리, 추리, 이성, 분석 등의 학습에 관여하고 우뇌는 공간적이고 직관적이고 감성적인 부분에 관여한다. 대부분의 아이는 생각과 행동이 다르게 나타나는데, 아이의 생각은 좌

뉴로피드백은 뇌에 새로운 길을 만드는 훈련이다.

뇌의 영향을 받고 행동은 우뇌의 영향을 받는다. 따라서 '실행'이라고
할 수 있는 우뇌가 활동하지 않을 때 생각을 많이 하는 상태, 즉 상념
에 빠지게 되고 생각을 많이 하기 때문에 행동은 하지 않게 된다. 또
어떤 아이들은 생각하는 것 자체를 귀찮아한다. 그래서 학습이 행동
으로 옮겨지지 않고 생각이 빠진 행동, 즉 게임, 운동, 춤 등에 빠져든
다(그 자체가 나쁘다는 것이 아니라 한쪽으로 치우친 현상을 의미한다). 따라
서 좌뇌와 우뇌의 균형을 맞춰야 하는데, 일정한 습관 훈련을 통해 이
균형을 이룰 수 있다. 그것이 뉴로피드백 훈련이다.

기술이 급속도로 발달되는 미래 사회에는 이 균형이 매우 중요해
진다. 아이들이 게임 중독, 기계 중독에 빠질 가능성이 매우 높아지기
때문에 뇌의 균형을 잡아주는 뉴로피드백 훈련은 이제 선택이 아니라

필수가 되며 더욱 진화된 인간의 형태를 만들어내는 데 핵심 역할을
할 것이다.

강원국 작가의
뉴로피드백 훈련 ——

《대통령의 글쓰기》로 잘 알려진 강원국 작가는 자신의 책에 이런
얘기를 적었다.

"나는 요즘 글 쓸 때마다 평소에 사용하지 않는 안경을 쓴다. 전쟁
터에 나가는 군인이 완전군장 하듯 안경을 낀다. 왠지 마음이 편안해
지고 글을 쓰고 싶은 마음이 스멀스멀 올라온다. 어쩌다 그 안경을 집
에 두고 온 날은 안절부절못한다. 글쓰기에 집중이 안 된다. 그날은
공친 날이다. 이제 안경 쓰는 일이 글쓰기 전 의식이 됐다. 일종의 루
틴이다. 루틴은 특정한 직업을 실행하기 위한 일련의 명령, 혹은 규칙
적으로 하는 일의 통상적인 순서와 방법을 뜻한다."

청와대에서 일하던 시절 그의 하루는 전투와도 같았다. 마치 링에
오르는 사람처럼 글을 잘 쓰는 그에게도 글쓰기가 늘 쉬운 일은 아니
었다. 그러나 전투를 할 수밖에 없는 상황 속에서 살아남는 방법은 바
로 '루틴'을 만드는 것이었다. 수영선수 박태환은 자신의 컨디션을 최

상으로 유지하기 위해 물에 들어가기 전 음악을 듣고, 골프선수 타이거 우즈는 퍼팅 전 반드시 쪼그려 앉아 공의 속도와 커브를 계산한다. 야구선수들은 방망이를 휘두르고, 농구선수는 공을 바닥에 튀긴다. 그 횟수가 정해진 경우가 대부분이다. 그 역시 일종의 루틴이기 때문이다.

　글을 쓰는 일을 하는 그 역시 마찬가지로 일정한 반복과 의식을 통한 루틴을 갖고 있다. 어떤 작가는 글을 쓰기 전 정장으로 갈아입기도 하고, 책상을 정리하기도 한다. 시간대별로 담배를 피우거나 잔잔한 음악을 틀어놓는 경우도 있다. 그의 말에 의하면 루틴은 '자신만의 고독한 싸움을 성공적으로 이끌어내기 위한 안간힘'이다. 이러한 루틴은 3주만 되풀이하면 뇌가 도와준다고 말한다. 이것이 바로 뉴로피드백 훈련이다. 그는 글이 잘 써지지 않을 때에도 반드시 자신이 정해놓은 앉은뱅이책상에 몸을 앉히고 글쓰기를 반복했다. 그것을 계속 반복하니 저항하던 뇌가 그를 돕기 시작했다. '차라리 도와주고 끝내자.' 하고 뇌는 생각한다. 이것을 3주 이상 반복하고 60일이 넘어가면 습관이 되고, 이제 그 습관대로 하지 않으면 불편해진다. 매일 헬스장에 가는 사람은 하루만 가지 않아도 몸이 안 좋다고 느낀다. 가수 김종국을 '헬스 중독'이라고 하지만 실은 중독이 아니라 뇌가 그의 루틴을 받아들인 셈이다.

　실제로 이러한 루틴을 통한 뉴로피드백 훈련은 앞에서 말한 양궁, 연구원들 외에도 수많은 곳에서 활용되어 성과를 냈다. 아이들의 IQ

루틴은 '자신과의 고독한 싸움을 이겨내기 위한 안간힘'이다.

를 향상시키거나 집중력, 판단력, 순발력 훈련을 시키거나, 학습능력을 향상시키기도 했다. 알코올중독과 마약중독 등 중독성 정신질환을 개선하는 데도 효과가 있었으며 자폐증, 우울증, 불안, 스트레스, 치매 등의 정신질환에서 개선의 효과를 보였다. 명상, 잠재의식 강화, 각성 등의 정신적 영역에서 성공적 결과를 보이기도 했고, 운동선수, 예술가, 작가, 경영자들이 자신의 능력을 향상시키고 불안감을 해소하는 데 활용하기도 했다. 서울대 정청희 교수팀은 테니스 선수들에게 뉴로피드백 훈련을 시켰더니 경기력 향상에 큰 효과가 있었다고 말하기도 했다.

뉴로피드백은 4차 산업혁명의 산업군 가운데 매우 핵심적인 신기술로 평가를 받고 있다. 뇌파 이상에 따른 이상 현상을 관리하는 것은 물론 뇌기능을 향상시키는 목적으로 활용될 수 있기 때문이다. 또한 뉴로피드백과 명상법의 결합은 정신적 치유와 긍정 마인드를 향상시키는 방법으로 활용될 수 있다. 미래는 인간이 가진 능력을 얼마나 향상시키고 인류가 진화될 것인가에 초점을 맞출 수밖에 없다. 진화하는 인간만이 변화하는 삶의 생태계 속에서 자신을 효율적으로 컨트롤할 수 있다. 뉴로피드백 훈련은 온갖 바이러스가 지배하는 세상에서 정신뿐 아니라 몸을 관리하는 건강 영역에까지 영향을 미친다는 점에서 관심이 주목된다.

System

교육 시스템의 ABC: AI(인공지능), Bic Data(빅데이터), Cloud(클라우드)

대통령 직속의 '4차 산업혁명위원회'에서는 4차 산업혁명을 인공지능, 빅데이터, 초연결 등으로 촉발되는 '지능화혁명'이라고 정의했다. 실제로 우리는 교육 시스템의 ABC인 AI(인공지능), Big

4차 산업혁명의 정의

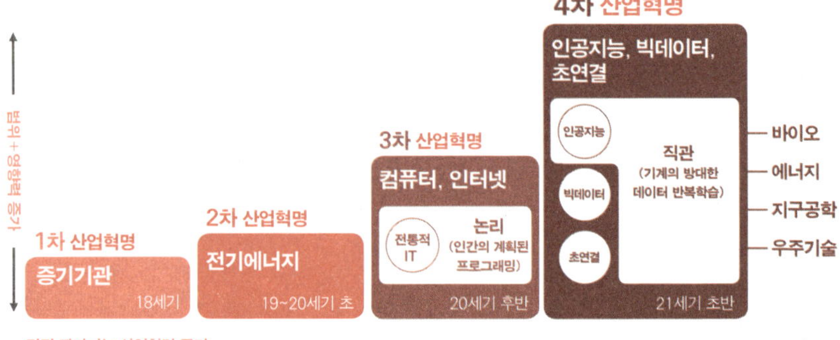

Data(빅데이터), Cloud(클라우드)가 형성하는 시스템 속에 살고 있다. 이 시스템은 현실과 가상세계가 융합된 새로운 사회 환경을 우리에게 제시하고 있으며, 코로나19 이후 변화는 더욱 가속화되고 있다.

로봇이 인간을 대신할 수 있을까 ──

코로나19로 세상이 바뀌었다. 처음에는 충격으로 다가왔지만 이제는 사회 전반의 패러다임이 전환되고 그에 따른 변화에 적응하기 위해 모두가 발 빠르게 움직이고 있다. 언젠가 우리 앞에 닥치리라 예상했던 수많은 시나리오들이 갑작스레 펼쳐진 것은 사실이지만, 이에 적응하기 위한 노력이 인류의 진화를 한층 더 앞당기고 있는 것은 분명하다.

이러한 사회 전반의 패러다임 전환은 교육의 디지털 트랜스포메이션(Digital Transformation)을 가속화하는 데도 직접적인 영향을 미치고 있다. 원격수업은 자리를 잡아가고 있고, 비대면 학습의 필요성이 확대되면서 교육과 관련된 모든 기관과 사람들의 역할이 변화하고 상호조화를 이루기 위한 새로운 교육가치가 창출되고 있다. 또 4차 산업혁명의 신기술에 따른 산업변화의 흐름에도 불구하고 새로운 기술의 도입이 가장 뒤처져 있던 교육 분야에도 교육(Education)과 기술(Technology)의 융합, 즉 에듀테크의 성장이 이루어지고 있다.

　4차 산업혁명의 핵심기술 중 교육에 적용되는 가장 중요한 기반 기술요소가 바로 ABC, 즉 AI(인공지능), Big Data(빅데이터), Cloud Computing(클라우드 컴퓨팅)이다. 이는 에듀테크, 블렌디드 러닝 등을 통해 개인 맞춤화, 온·오프라인이 연결되는 새로운 교육 패러다임에 큰 영향을 미치는 요소다. 우리가 잘 알고 있는 AI, 즉 인공지능(Artificial Intelligence)은 인간의 언어를 알아듣고 사람처럼 지각하고 판단하는 기능을 갖춘 기술이다. 우리가 '로봇'이라고 하는 것에 가까운 형태다. 인간에 근접한 여러 요소를 갖고 행동하는 인공지능을 '강인공지능', 알파고나 AI 스피커처럼 한 가지 능력에 특화된 것을 '약인공지능'이라고 부른다. 이세돌과 싸웠던 알파고는 바둑에 특화된 약인공지능이라 할 수 있다.

　과거 우리는 '로봇이 인간의 역할을 대신할 수 있을까'에 대한 수많은 토론을 했지만 이제는 자연스럽게 인공지능의 역할을 받아들이고 있다. 네이버에 검색했을 때 나오는 결과물 이상의 엄청난 데이터가 축적되면서 인공지능 기술은 더욱 고도화되는 상황이다. AI는 방대한 양의 데이터를 학습한 다음 그 정보들을 일정 기준에 따라 카테고리화하고, 새로운 문제의 해답을 찾는다. AI에 입력되는 데이터의 양이 많을수록 판별 능력은 높아진다.

　더불어 AI는 딥러닝(Deep Learning)이라 하여 두뇌의 뉴런과 유사한 인공신경망을 통해 학습을 한다. 데이터를 입력하지 않아도 스스로 학습하고 예측하는 것이다. 알파고가 이러한 딥러닝을 가진 사례로 자동차 자율주행, 몸속 암세포의 자동탐지, 산업 무인화 등의 기술

이제 AI는 딥러닝을 통해 데이터를 입력하지 않아도 스스로 학습하고 예측할 수 있다.

을 연구할 수 있다. 이러한 기술은 교육에도 매우 유용하다. 학교수업, 개인의 학습에 활용할 수 있는데 앞에서 언급했듯 에듀테크 기술에서 학생의 개별적 수준 평가를 통해 실질적인 학습 성과를 높여준다. 또 선생님의 역할을 대신해 자연스러운 대화를 나누면서 학습자 개인의 특성과 수준에 맞춘 콘텐츠를 제공할 수 있다.

빅데이터와 클라우드는 데이터와 관련이 있다. 빅데이터는 단순히 기존의 방대한 정보를 수집한다는 의미를 넘어선다. 정형화된 데이터를 포함 사진, 이미지, 영상 등 비정형화된 데이터가 더 많은 비중을 차지하며 수많은 데이터를 저장하여 이를 실시간으로 처리하고 분석하는 성능이 핵심이다. 우리가 어떤 문제를 놓고 '빅데이터를 통해 결과를 산출한다'고 할 때의 의미는, 처리하고 분석된 방대한 데이터가 결과를 내고 새로운 지식으로 축적이 가능하도록 도출될 때를 의미한다.

클라우드는 양질의 데이터를 수집, 저장, 처리하는데, 클라우드에 저장된 가공되지 않은 데이터를 인공지능이 학습, 분석하게 된다. 클라우드는 인공지능이 인간에게 필요한 다양한 서비스를 제공하는 데에 필수적인 요소라고 할 수 있다.

차별화(Differentiated), 개인화(Individualized), 개별화(Personalized)된 교육 ——

중국과 미국은 AI 교육에 엄청난 투자를 하고 있다. 인공지능, 빅데이터, 클라우드는 2021년 이후 펼쳐질 교육 현장에 핵심적 요소로 작용한다. 방대한 양의 데이터를 수집한 후 인공지능 기술을 통해 그 데이터를 최적화된 형식으로 학생들에게 전달함으로써 변화하는 교육이 가져올 '양질의 콘텐츠 제공'이라는 숙제를 해결할 수 있다. 에듀테크의 시대, 블렌디드 러닝의 시대에서 기존에 교사가 하던 역할을 대신할 온라인 교육은 이제 1:1 교육에 최적화되어야 한다. 지금 현재 우리가 경험하고 있는 교육은 그 시작일 뿐이다.

《클라우스 슈밥의 제4차 산업혁명》을 쓴 클라우드 슈밥은 2016년 한국을 방문하여 이렇게 말했다. "학습은 평생에 걸친 활동으로 시스템 활용을 통한 개인 맞춤형 교육이 필요하며, 교육은 4차 산업혁명의 중요한 축으로서 인공지능을 활용한 교육이 보편화될 것이다."

최근 국내 교육 대기업들이 인공지능 기술을 활용한 서비스를 적극 도입하고 있다. AI 학습코칭, AI 수학, AI 독서케어 등의 서비스는 이미 제공 중이다. 에듀테크 스타트업들은 학습자의 빅데이터를 분석해 학습능력을 진단하고 맞춤형 학습을 제공하는 AI 활용을 적극적으로 하고 있다. 학생들이 교사나 부모의 도움 없이 학습을 할 수 있도록 게임기반 학습을 토대로 한 앱을 개발하거나, 반복학습을 기반으로 한 수학 학습 서비스를 제공하기도 한다. 우리나라를 넘어 다양한 국가, 장애우들까지도 보급이 가능한 서비스들을 통해 세계적인 인정을 받기도 했다.

인공지능, 빅데이터, 클라우드를 교육에 활용하는 데 있어 가장 큰 기대점은 바로 '개인화 서비스'다. 앞에서 말했듯 학생의 수준, 적성, 흥미, 이력, 성취도 등을 빅데이터를 활용하여 차별화, 개인화, 개별화된 교육을 제공할 수 있다는 점이다. 이러한 교육은 학생의 성과를 실시간으로 확인하고 학생이 학습에 몰입한 정도, 문제의 이해 수준, 취약점 분석 등의 효율적인 학습 분석과 피드백이 가능하다는 점에서 매우 긍정적이다.

온·오프라인, 비대면 교육이 강화되고 테크가 에듀에 접목되는 기술화가 고도화될수록 질 높은 학습 콘텐츠의 개발이라는 과제가 요구된다. 디지털 트랜스포메이션은 갑자기 주어진 과제가 아니다. 다만 교육에 있어 그 변화가 가장 더뎠다는 점을 민감하게 받아들이고 노력을 기울일 때라는 것이 중요하다.

학교는 과연 왜 필요할까?

– 서울강남초등학교 교사 고영주

21세기에 들어서면서 교육계는 온라인 수업, 증강현실, 3D프린터 활용, ICT 교육 등의 다양한 교사연수를 개설하며 4차 산업혁명 시대를 대비해왔습니다. 또한 미래창의교실, 메이커스페이스교실을 신설하는 등 다가올 변화를 준비하는 시도들이 계속 되어왔습니다.

그러나 실제 교육의 현장에서는 이러한 시대의 변화가 현실감으로 다가오지 않았습니다. 그래서 교육자들은 기존 교육방법에서 크게 벗어나지 않고 익숙한 방법을 선택하며 지내왔습니다. 곧 우리 마을이 물에 잠길 것이니 서둘러 하나하나 대비하라고 했지만 그저 운동화를 신고 열심히 달리기 연습만 해왔던 것입니다. 그러다가 예상하지 못한 바이러스가 우리의 학교시스템을 강제적으로 바꾸어놓았습니다.

● 학교에 학생이 오지 않다니!

학생이 없는 학교에서 교육이 가능할까요? 조금 서툴고 혼란스럽고 비효율적인 과정을 겪었지만 학생이 학교에 오지 않아도 교육이 가능하다는 것을 실제로 경험했습니다. '안 되면 되게 하라.' 군대에서나 전설로 통할 것 같은 이야기가 학교 현실에서 이처럼 신속하게 이루어지는 것을 보고 내심 놀랐습니다. 대한민국 교사들의 역량에 감탄하지 않을 수 없습니다. 교사들끼리의 협력 없이는 절대로 이룰 수 없는 일이었습니다.

교직경력 30년을 훌쩍 넘긴 저로서는 외계인의 언어 같은 디지털 문명에 다가가는 것이 무척 어려운 일이었지만 그것을 배우고 활용해야 하는 것은 생존과 직결되는 문제였습니다. 언제가 올 날이라고 막연하게 머리로만 생각하던 일이 발등에 떨어졌고 그것을 해결해야만 살아남을 수 있게 되었습니다. 동료 교사들과 수업 내용에 대해 많은 회의를 거듭했고, 기술적인 문제를 배우기 위해 디지털 언어에 익숙한 젊은 교사를 중심으로 자발적인 연수가 계속되었습니다. 공개수업을 무척이나 부담스러워하던 교사들도 매일같이 공개수업을 하듯 영상을 제작해야 했습니다.

"아이들이 등교하지 않으니 조금 편하시죠?"라는 이웃들의 인사를 받으면 억울하여 살짝 화가 나기도 했습니다. 온라인 수업을 준비하고 디지털 문명에 익숙해지느라 일이 몇 배로 증가하여 날마다 파김치가 되어 퇴근하는데 교사들이 놀고 지낸다고 하는 이야기를 들을 때는 힘이 빠지기도 했습니다. 그렇게 온라인 수업에 조금씩 익숙해지면서 다른 고민이 찾아왔습니다.

• 학교는 왜 필요할까?

'이렇게 온라인 수업이 가능하다면 학교는 왜 필요한 거지?'라는 생각이 들었습니다. 그동안 온라인 수업 영상을 제작하기 위해 유튜브에서 관련 영상을 열심히 찾았습니다. 잘 만들어진 수업 영상을 보면서 교사인 저도 감탄하며 빠져든 적도 있습니다. 처음에는 참고할 만한 좋은 영상을 발견해서 기뻤는데, 문득 '내가 만드는 수업 영상을 이것보다 효과적으로 만들 수 있을까?' 하는 생각이 들었습니다. 그렇게 학교의 존재 이유와 교실에서의 교사 역할에 대해 진지하게 생각해보게 되었습니다.

생활 속 거리두기로 전환되면서 현재 우리 학교는 아이들이 일주일에 한 번만 등교수업을 받고 있습니다. 한 반을 두 그룹으로 나눠서 등교하고 있으니 교사들은 일주일에 두 번 아이들을 직접 대면하여 수업하고 있는 셈입니다. 등교수업 때 한 교실에 10~12명 정도의 학생이 함께 공부하는데, 학급 정원이 줄어드니 아이들 한 명 한 명에게 관심을 기울이며 맞춤식으로 지도할 수 있었습니다. 온라인 수업 내용을 얼마나 이해했는지, 과제는 잘 해결했는지, 또 어떤 어려움은 없었는지 등 아이들의 정서적 문제까지 깊이 들여다볼 여유도 생겼습니다. 아이들의 내면을 들여다보고 또 깊은 소통이 이루어지니, 문득 아이들은 학교를 어떻게 생각할까, 하고 궁금했습니다.

• 아이들은 왜 학교에 오고 싶어 할까?

유튜브나 다양한 온라인 플랫폼을 통해 온라인 수업 영상보다 더 재미있고 잘 짜인 학습 영상을 쉽게 접할 수 있는 학생들은 여전히 학교에 오고 싶어 했습니다. 어떤 아이는 학교에 가고 싶어서 눈물이 나기도 했다고 들었습니다. 아이들은 왜 학교에 오고 싶어 할까요? 정말 궁금했습니다. 그래서 아이들에게 학교에 오면 좋은 점을 써보라고 했습니다.

"친구들을 볼 수 있어서 좋아요!"

"학교에서 하는 것들이 재미있어요."

"선생님 얼굴을 보면서 수업을 들으니까 공부가 더 잘 돼요."

다양한 의견이 있었지만 한결같은 대답은 친구를 만날 수 있는 게 가장 좋다는 것이었습니다. '학교가 존재해야 하는 이유가 바로 이것이구나!' 하는 생각이 들었습니다. 경제논리로 효율성을 따지기 전에,

아이들은 친구들과 함께 어울려 놀아야 하고 그 속에서 건전한 사회 구성원으로서 지녀야 할 덕목들을 키워나갈 수 있겠구나, 하고 생각했습니다.

그 후부터 일주일에 한 번씩 학교에 오는 아이들에게 단순 지식만을 전달하기에는 너무나 시간이 아까웠습니다. 그래서 아이들이 등교하는 날에 어떤 내용으로 수업시간을 구성해야 하는지에 대해 동학년 교사들이 함께 모여 회의를 거듭하게 되었습니다. 결론은 "물고기를 매일 잡아주기보다는 물고기 잡는 방법을 알려주자."였습니다. 이후 학습도구 중 하나인 '씽킹맵'을 지도하고, 아이들 스스로가 학습에 필요한 안목을 갖출 수 있도록 도와주었습니다. 온라인으로 배운 것을 등교수업에서 활용해보고, 또 발표해보고, 협력해서 배움을 확장해나갈 수 있다면 '학교는 과연 왜 필요할까?'라는 질문에 대답이 될 수 있을 것 같아 마음이 조금은 가벼워졌습니다.

• 학교 교육은 어떤 방향으로 나아가야 할까?

갑자기 찾아온 전염병 창궐의 위기가 오히려 학교 교육의 방향성을 분명하게 보여준 것 같습니다. 학교는, 그리고 교사는 아이들에게 단순 지식을 전달하기 위해 필요한 것이 아니라, 사회성 발달과 예술적 경험 등 전인적 인간으로서의 성장을 돕기 위해 존재해야 합니다.

그런 점에서 온라인 수업은 우리에게 또 다른 과제를 던져주었습니다. 초등학생 저학년이 혼자서 온라인으로 수업을 듣는다는 것은 많은 어려움이 있습니다. 부모가 집에서 아이들을 돌볼 수 있거나 재택 근무가 가능한 상황이라면 다행이지만, 아이 혼자서 모든 걸 해내야 하는 상황이라면 현실적으로 여러 시행착오가 예상됩니다. 학습동기가 높은 아이들에게는 큰 문제가 없을지도 모르지만 교사나 부모의 도움이 필요한 저연령층 아이들, 특히 디지털 환경에 취약한 아이들에게는 제도적 보완이 반드시 필요합니다. 교육은 누구에게나 평등하게 기회가 주어져야 하기 때문입니다.

코로나 19로 인해 머리로만 알고 실감할 수 없었던 상황을 갑작스럽게 맞이하면서 혼란스럽고 힘들고 때론 좌절하기도 했지만, 모두가 함께 협력해서 이겨낸 경험은 새로운 자신감이 되었습니다. 그리고 항시적으로 존재할 수 있는 이런 사태를 미리 준비할 수 있는 지혜도 갖게 되었습니다. 무엇보다 아이들에게는 관계를 형성하고 그 속에서 배워나갈 수 있는 학교라는 곳이 반드시 필요하다는 것, 또 학습 동기를 북돋아주고 배움을 확장시켜줄 수 있는 교사의 역할이 새로운 시대에도 여전히 중요하다는 것을 깨달았습니다.

Edu-communicator

AI가 대신할 수 없는
학교와 교사의 역할

《혼자 공부하지 못하는 아이들》 이후로 다음 집필을 고민하면서 이 책을 기획하게 된 가장 큰 이유는 미래 사회에 변화될 학교와 교사, 학부모와 학생의 역할의 중요성 때문이었다. 2019년 4월, '혼자 공부하지 못하는 아이들'이라는 주제로(출판사에서는 '혼공'으로 줄여 부르기에 나와 우리 연구원들도 그렇게 부르게 되었다) 책을 쓸 때만 해도 그것이 코로나19 이후 사회의 핵심 전략으로 대두될 것이라 생각하지는 않았다. 20년 전부터 강남 대치동, 목동의 교육 특구 학생들과 학부모를 상담하면서 가장 강조했던 것이 '혼공전략', 즉 자기주도학습이며, 자기주도학습이 가능한 바탕을 만들기 위해 학부모가 어떠한 역할을 해야 하는지에 대한 것이었다.

공부의 주체가 '학생'이라면 학생인 아이들이 스스로 공부를 할 수 있도록 모든 환경이 조성되어야 한다. 그 '환경' 속에는 좋은 강사와 좋은 학원이 아닌 '내 아이의 공부 재능에 최적화된'이라는 단서가 붙어야 한다. 그러기 위해서는 학부모, 교사가 아이에 대해 얼마나 알고 있는가가 중요하다. 혼공에서는 학부모와 아이의 공부 전략을 찾고, 아이의 성격, 지능, 출생 순위, 뇌 성향, 습관… 이런 것들이 공부 재능에 엄청난 영향을 미친다는 사실을 피력했었다.

이제 나는 이 책에서 교육소통자, 즉 '에듀 커뮤니케이터(Edu-communicator)'라는 말을 최초로 사용하려고 한다. 4차 산업과 맞물린 교육의 변화, 즉 에듀테크, 융합, 블렌디드 등이 나옴과 동시에 학교와 교사의 역할은 완전히 변화된다. 아이들을 스스로 공부할 수 있도록 만드는 전략에 있어 먼저 교육자들의 역할에 대해 짚어주려는 것이다.

티처(Teacher)는 사라지고 퍼실리테이터(Facilitator)만 남는다 ——

지금껏 교사를 비롯한 교육전문가들은 지식전달자의 역할을 위주로 해왔다. 교육의 ABC 시대가 열리면서 방대한 양의 정보를 AI가 학습하고 질 높은 콘텐츠를 제공하는 세상에서는 더 이상 지식전달자의 역할은 그 가치를 잃게 된다. 대신 교사는 인성, 도덕 등을 담당하고 AI가 알려줄 수 없는 정성적 지식을 전달함으로써 더 중요한 역할을 담당하게 된다. 그러나 이 역할 변화의 인지를 제대로 하지 못하는 경우 많은 혼란이 야기될 수 있다.

요즘은 구글 미트나 줌, MS팀즈 등 원격수업 플랫폼을 이용해 비대면 수업이 활발하게 이루어지고 있다. 이 상황에서 핵심적인 방향은 '상호작용을 통해 학생들이 사고를 스스로 확장할 수 있는 진정한 온라인 수업을 디자인한다.'는 것이다. 여기에 따른 교사들의 역할이 바로 퍼실리테이터다. 원래 퍼실리테이터란 교육이 원활하게 이루어질 수 있도록 돕는 역할을 하는 사람을 뜻한다. 따라서 교사들은 앞으로 교육의 내용이 질적으로 훌륭한지, 학생들 개개인에 따라 어떻게 효율적으로 전달할 수 있을지 등을 디자인해야 한다. 여기서 중요한 점은 단순히 지식을 효율적으로 전달하기 위한 교육 내용의 디자인을 넘어, 학생을 케어해주는 사람으로서의 퍼실리테이터라는 것이다. 콘텐츠를 만드는 것은 또 다른 영역의 일이다. 시험문제를 만들고, 교과과정을 분석, 정리하는 일은 더 이상 교사의 몫이 아니게 된다. 교사는 '조력자'로서 '에듀 커뮤니케이터' 역할을 해야 한다. 교육의 소통자. 즉, 학생과 학부모, 기존의 교사와 학교의 소통의 중심에 서 있는 사람이다. 사교육자든 학교 교육자든 이 커뮤니케이션을 잘하는 사람들이 결국 미래의 교육을 주도하는 전문가들이 될 것이다.

퍼실리테이터의 기본적 역할은 학생들의 진로에 대한 방향을 잡아주는 것이다. 그리고 자기주도학습을 할 수 있게 도와주어야 한다. 아이들의 학습 태도와 수준, 과제에 대한 평가는 AI가 해주지만 더 섬세한 확인과 피드백을 통한 조언 등의 하이터치는 퍼실리테이터의 역할

이다. 그리고 자신의 학습 방향을 스스로 설계해나가는 자기구조화학
습을 최상으로 끌어올리기 위한 조력자, 셀프 스터디의 튜터 역할을
해주는 것이 바로 퍼실리테이터인 것이다.

교육자, 학부모, 학교가
모두 퍼실리테이터다 ——

　어릴 적 운동회를 할 때 1등을 쫓아 달리다 넘어져 꼴등을 하면 선
생님이 달려와 다친 무릎에 연고를 발라주었다. 그리고 선생님은 눈
을 찡긋하며 "잘했어! 선생님에게는 네가 1등이야!"라고 말해주었다.
또 고등학교에 올라갈 무렵엔 성적이 서서히 떨어지면서 학업 스트레
스와 우울증이 찾아왔는데 나를 유심히 관찰하던 선생님이 응원과 격
려를 자주 표현해주신 것이 아직도 또렷하게 기억난다. 공부를 못하
는 아이들에게도 공부를 잘하는 아이들에게도 늘 목표는 공부를 잘하
는 것이다. 그 마음을 가장 잘 아는 것은 교사이고, 그래서 교사들은
늘 모든 학생들이 공부를 더 잘할 수 있도록 힘을 주는 역할을 해왔
다. 집보다도 학교에서 더 많은 시간을 보내야 하는 학생들에게 용기
를 불어넣고 어깨를 토닥여주는 역할 말이다.

　예나 지금이나 교사의 그러한 역할에는 변함이 없다. 학교의 잘못
된 관습으로 인해 이런저런 문제들이 야기되면서 교사들의 역할에도

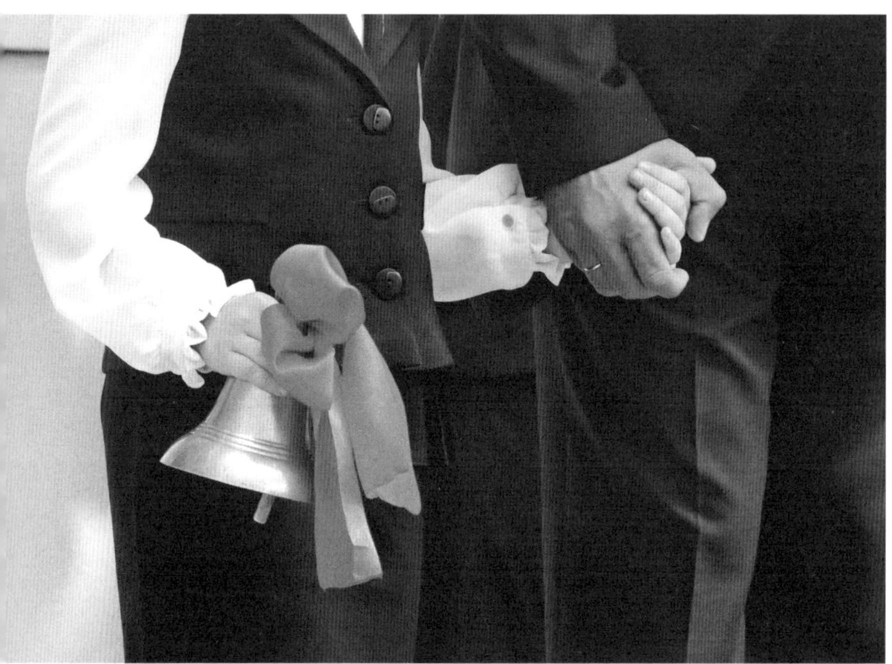

예나 지금이나 교사의 역할은 변하지 않았다.

많은 변화가 생기긴 했지만, 여전히 학생들에게는 선생님이 필요하다. 코로나19 팬데믹으로 인해 '교사의 역할이 사라진다'고 말하고 있고, 더불어 나이와 경력이 많은 교사의 역할에 대한 문제가 대두되고 있지만 우리는 알고 있다. 인간이 숱한 경험을 토대로 쌓이는 노하우 중 가장 큰 것이 바로 소통능력이라는 것을 말이다.

에듀 커뮤니케이터는 미래교육 현장에서 가장 중요한 키워드가 될 것이다. 한 사람의 인생을 좌우한다고 할 정도로 교육자는 성장기의 학생들에게 큰 힘을 발휘한다. 가정에서 잡아주지 못한 인성과 세상을 살아가는 힘을 배양해주는 것도 교사의 몫이다. 그래서 교육자는 학교, 가정, 학생을 연결해주는 중간 소통자의 역할을 담당해야 한다. 물론 쉽지 않을 것이다. 그러나 아날로그적 감성이 발휘되고 교육자로서의 하이터치 역량이 발휘되어야 할 때다. AI가 결코 해줄 수 없는 것, 가르치는 학생에 대한 진심 어린 관심과 사랑을 주는 것. 세상이 아무리 변해도 변하지 않는 고유의 역할을 지키는 것이 곧 그 출발이자 핵심일 것이다.

Case by Case

Intelligent Tutoring System

궁합은 결혼할 남녀 사이에만 따지는 게 아니다. 부모와 아이도 성격 궁합을 보아야 한다. 부모와 아이의 성격 유형에 따라 다양한 문제가 발생하기 때문에 아이의 성격 유형을 볼 때 반드시 부모 성격 유형도 함께 보아야 한다. 부모의 성격은 아이의 학습에 많은 영향을 준다.

나는 〈부모의 MBTI 성격 유형이 초중등 학생의 기초 학습에 미치는 영향〉이라는 논문을 통해 부모와 아이의 성격 궁합이 아이의 공부에 어떤 영향을 미치는지 분석했다. 수많은 컨설팅을 진행하면서 이미 예상했지만 결과는 역시 놀라웠다. 부모의 성격은 아이의 학습능력, 학습활동력, 동기부여 등 전반적인 부분에 영향을 끼치고 있었다.

개별 맞춤형 학습, 통합적 객관성을 확보해야 한다 ——

　상담 시 내가 아이와 부모의 궁합을 테스트하는 이유는 간단하다. 아이의 학습 효율을 최대한으로 끌어내주기 위해서다. 동시에 부모에게 강조한다. '천편일률적인 방식으로는 절대 아이의 성적을 올릴 수 없다.'고 말이다. 부모는 아이에 대한 객관성을 확보하고 그 아이에게 특화된 학습을 유도하는 것이 무엇보다 중요하다. 이번 장에서 이야기할 Case By Case는 결국 '맞춤형 학습'을 의미한다. 그래야만 그에 맞는 제대로 된 역할을 해줄 수 있다.

　한때 엄마들 사이에서 '엄마의 정보력, 아빠의 무관심, 조부모의 경제력'이라는 말이 유행이었다. 그러나 시대가 변하면서 이 말은 '엄마의 전략, 아빠의 관심, 조부모의 인성'으로 바뀌었다. 중앙일보의 〈열려라 공부〉에서 조사한 '전교 1등은 어떤 학생인가'의 자료를 보면 대부분 부모와 자녀 간의 친밀도가 높은 아이들이 전교 1등을 한 것으로 나타났다. 그들은 평일에 사교육 없이 스스로 4시간 이상 앉아서 공부하고, 주로 집에서 공부하며, 공부와 관련해 부모로부터 가장 많은 영향을 받는다고 했다. 양육자와 자녀 사이에 흔들리지 않는 인성이 뿌리 내려야 하고, 그 위에서 부모가 아이의 역량을 찾아준다면 교육은 순탄하게 이루어진다. 아이의 성향, 능력, 공부 습관, 적성과 흥미에 대해 정확하게 파악하고 있는 부모는 그에 잘 맞는 학습 방법을 찾아 제시할 수 있다. 이러한 성향을 무시한 채 동일한 교재, 동일한 시간표, 옆집 엄친아의 방법을 강요하면 반짝 효과는 볼 수 있으나 곧 엄청난 후폭풍을 겪게 된다.

교육계에 몸담아온 사람이라면 누구나 알고 있지만 아이들은 자신이 감당하기 버거운 학습에 치이면 그것을 극복하기보다는 의욕이 상실되고 실행력이 저하되며 자존감이 하락한다. 부모, 교육자들과의 갈등이 커지고 마찰이 생긴다. 객관적 분석은 내 아이에 딱 맞는 개별 전략을 설계하는 데 있어 필수적이다.

온라인 수업은 아이의 객관성을 통합적으로 확보하고 개별 맞춤형으로 간다면
가장 이상적인 교육방법이 될 수 있다.

특히 온라인 수업이 강화되는 가운데 이 부분은 더욱 중요해진다. 오프라인 수업은 공부를 잘하는 학생에게는 식상하고 공부를 못하는 아이에게는 어렵다. 사실상 개인 맞춤학습은 불가능하다. 그러나 온라인 수업은 자신의 수준에 따라 난이도를 조절하여 학습할 수 있기 때문에 개인 맞춤학습이 가능하다. Case by Case 학습의 가장 이상적인 형태가 온라인 학습이라 할 수 있다.

물론 온라인 수업이 가져다줄 문제도 배제할 수 없다. 온라인 수업을 잘 관리해주는 특화된 학교, 즉 귀족 학교가 생겨날 수 있기 때문이다. 프랑스의 경우 대학을 평준화시키자 오히려 '그랑제콜(Grandes Écoles)'이라는 프랑스 고유의 엘리트 학교가 나와 프랑스의 정·재계에 지대한 영향력을 행사하고 있다. 모든 학교들이 온라인 수업을 하다 보면 당연히 평준화가 이루어지고, 이는 곧 우리나라의 교육이 지향하는 바가 맞지만 그 사이에서 특화된 학교들은 나오기 마련이다. 하지만 온라인 수업을 통해 개별적 관리가 잘 이루어지기만 한다면 특수목적화 고등학교, 학군 등이 사라지고 사교육의 폐단도 막을 수 있다. 공부가 시험 점수를 따는 것이 아니라 개인의 목표와 꿈을 이루고 이상을 실현하기 위한 도구라면, 개별적 역량을 이끌어내는 온라인 교육은 매우 이상적인 방법이라 할 수 있다.

AI 교육의 정점,
개인 교습체제(ITS: Intelligent Tutoring System)

2020년, 코로나19로 인해 15억 학생이 등교를 하지 못하고 온라인으로 수업을 하게 되었다. 온라인학습 비중은 현재 세계 교육의 2.3%에서 2026년이면 11%로 급증해 1조 달러(1200조 원)에 이를 것이라는 전망이다. 미국의 도소매업에서 전자상거래가 차지하는 비중과 같은 비율이다. 온라인학습의 정점은 AI 교육으로, 가장 주목받는 것이 바로 개인 교습체제(ITS)다.

ITS 교육에서는 AI와 교사의 협업이 매우 중요시된다. 예를 들어 수학에 소질이 있고 기초가 된 학생의 경우 AI는 난이도를 높여주고 수학이 취약한 학생에게는 난이도를 낮춘 상태에서 조금씩 올려가며 전혀 다른 유형의 문제를 학습할 수 있도록 한다. 이때 교사는 학생들이 팀을 만들어 현실과 관련된 문제를 수학 원리를 적용해 해결할 수 있도록 지원하는 등 퍼실리테이터의 역할을 담당한다. 즉, ITS를 통해 강의 부담을 줄이며 교사는 하이터치를 함으로써 역할을 전환하는 것이다.

AI는 학생들 개개인의 개별 학습 데이터를 축적해 최적의 학습 경로를 제때 제공한다. 학생들은 AI 학습 친구를 갖게 되고 자신의 개별 학습을 디자인해주는 맞춤 교사를 가지게 된다. 굳이 시험을 치르지 않고도 AI는 학생의 능력치를 쉽게 판별한다. ITS 교육은 Case by Case 교육을 실현하는 데 가장 이상적이며 그 효과에 대한 놀라운 연구 발표들이 나오고 있지만 우려점도 고려해야 한다. 앞에서 말했듯 온라인 교육의 이상적인 면과 더불어 아이들이 어릴 때부터 스크린을 보게 됨으로써 가질 수 있는 중독성, 또 AI 알고리즘의 편향, 개인정보 보호 등의 문제들을 충분히 논의하여 보호 장치를 만들어야 한다.

교사들의 44%가 온라인 개학 이후에도 원격수업을 실제 수업에 활용할 생각이라고 답했다. 이제 교사가 될 이들에게는 더 이상 지체할 수 없는 온라인 수업에 대한 준비가 필수적으로 요구된다. 한국은 IT 강국임에도 불구하고 그동안 학교와 대학은 AI 교육의 불모지였다. 하지만 순식간에 그 벽은 허물어지고 교육계가 합심해 교육이 중단되는 것을 막기 위한 노력을 기울이고 있다. 어쩌면 이러한 변화가 우리나라의 AI 교육혁명을 급속화하여 세계를 선도하도록 만들지도 모른다.

미국주립대학협회(APLU)는 2013년 애리조나주립대(ASU)와 조지아주립대(GSU), 미시간주립대(MSU) 등 14개교와 함께 첨단 에듀테크를 활용하는 '개별화 학습 컨소시엄(Personalized Learning Consu-ortium; PLC)'을 설립했다. 더 많은 학생에게 더 다양하고 개별화된 교육을 제공하기 위해 만들어진 이 단체는 학생들 개개인에게 '맞춤학습'을 제공하기 위한 다양한 학습모델을 개발한다. 우리나라 역시 이주호 전 장관이 '아시아교육협회'를 국내에 설립하고 인공지능을 활용한 HTHT(High Touch High Tech, 하이 터치 하이 테크) 모델로 에듀테크 생태계를 조성하겠다는 계획을 밝혔다. 그는 "학생마다 수준이

미국주립대학협회는 2013년 애리조나주립대와 조지아주립대, 미시간주립대 등
14개교와 함께 학생들에게 개별화 학습을 제공하기 위한 '개별화 학습 컨소시엄'을 설립했다.

모두 다른데, ITS는 실력이 좋은 학생들에게는 난이도를 빠르게 높여
가며 어려운 문제를 풀게 하고, 그렇지 못한 학생에게는 전혀 다른 문
제를 통해 기초를 학습하게 한다."고 설명했다. 이후 국내 대학 수업에
HTHT 모델을 적용하기 위한 컨소시엄도 자리를 잡아가고 있다. 한
양대와 아주대, 동국대, 울산과학대, 영남이공대 등 국내의 약 20개교
가 참여 의사를 밝혔다.

과거 우리는 '과외'라는 사교육 형태를 접했고 개인 코디네이터가
최상위권을 케어하는 사례들을 보았다. 이러한 개인 맞춤형 학습이
전교 1등이나 금수저를 갖고 태어난 아이들의 전유물이라고 생각했

던 시대가 이제는 완전히 사라질 것이다. 교사들이 바짝 긴장해야 할 부분은 그동안 선입견을 가지고 바라보았던 아이들의 반전이다. 시험 점수나 사교육을 통해 표면적으로 평가되었던 기준으로 절대 알 수 없었던 아이들의 숨은 재능들이 발굴될 것이다. 교사들은 미래의 융합인재를 발굴하는 데 있어 다양한 노하우와 지식, 또 리더십을 토대로 아이들에게 접근해야 할 것이다. 그들이 인류의 미래를 바꿔놓을 씨앗이며 교사는 그들이 최대한의 역량을 이끌어낼 수 있도록 하는 핵심 역할자이기 때문이다.

Self Regulation
혼자 공부하는 아이들

한때 베스트셀러 목록에는 '자존감'이라는 단어가 들어간 책 제목이 많았다. 그런 노력 때문인지 요즘에는 자존감이 높은 아이들이 많다. 아이가 태어나기 전부터 부모수업을 받을 수 있는 많은 프로그램들이 개발되고, 또 자녀교육과 관련된 사회적 이슈가 많이 나오면서 아이들의 자존감 형성에 관심이 집중되었다. 이처럼 아이가 부모의 잘못된 양육으로 자존감이 낮고 학교에서 위축된 모습을 보이지 않게 하기 위한 각별한 노력을 기울인 덕인지 과거에 비해서는 많이 개선이 된 듯하다. 사실 부모의 충분한 사랑과 지지가 바탕이 되고 그것을 전달하는 방식이 옳기만 하다면 아이의 자존감을 높이는 일은 얼마든지 가능하다. 그런데 앞으로는 자존감이 아닌 자기효능감이 강조된다.

혼자 공부하는 아이들의 특징, 자기효능감 ——

　아이들 중에는 자아존중감은 높지만 자기효능감은 떨어지는 경우가 있다. 부모의 강요나 기대에 밀려 자신이 가진 능력에 대한 향상이 제대로 이루어지지 않아서 그렇다. 자기효능감이 높아지려면 아이들이 스스로 구체적인 목표를 세우고 성취 경험과 롤모델을 가져야 한다. 그렇게 되면 자기주도적으로 학습을 이끌어가면서 정서적으로도 안정된다. 부모들은 아이가 자기효능감을 찾아나갈 수 있도록 도와주어야 하고, 교사 역시 아이가 잘하는 것에 대해선 동기를 부여하고 어려운 것에 대해서는 함께 문제를 해결하기 위해 노력해야 한다. 결과보다는 과정에 초점을 맞추며 아이를 지도하는 것이 중요하다.

　자기효능감은 공부를 하는 아이들에게 스스로에 대한 만족감을 안겨준다. 그래서 자기효능감이 높은 아이들 중 공부를 잘하거나 성공을 이루는 경우가 많다. 자기효능감은 주도적인 힘을 키우게 해주고, 실행력을 높여줌으로써 시행착오를 통해 성취감을 느끼게 해준다. '내가 스스로 이것을 이루어냈다.' 하는 성취감은 또 다른 목표를 세우게 만들고, 공부를 떠나 후일 사회생활에까지 이어져 자신감을 만들어낸다. 자존감이 자기효능감으로 발전할 때 아이들은 가장 효율적인 학습 결과를 내게 된다.

　그렇다면 왜 교육 트렌드에 있어 자기효능감이 중요한 걸까. 앞으로는 비대면 수업, 1:1 맞춤 수업을 통해 혼자 공부하는 시간이 많아지기 때문이다. 자기효능감이 높은 아이들은 공부 환경과 상관없이 자신에게 닥치는 난관들을 극복해나간다. 그러나 자기효능감이 낮은 아이들은 조금만 힘들어도 포기를 생각하고, 스스로 학습 설계를 할 수 있는 힘이 없어 심한 의존성을 보이게 된다. 오프라인 수업 시 다른 학생들과의 비교를 통해 자극을 받았던 시대가 지나면, 온라인을 통해 오직 자기 능력과의 싸움을 해야 한다. 그때 자기효능감이 낮으면 '나는 안 되나 보다.' 하는 좌절감이 결코 다음 단계로 넘어가지 못하게 한다. 자기효능감은 자존감과 달라서 단순히 사랑과 지지의 방법만으로는 채워지지 않는다. 그렇다면 스스로 목표를 세우고 도전하며, 성취를 해나가는 자기효능감이 높은 아이들은 어떻게 만들어지는 것일까?

다음 표를 한번 보자.

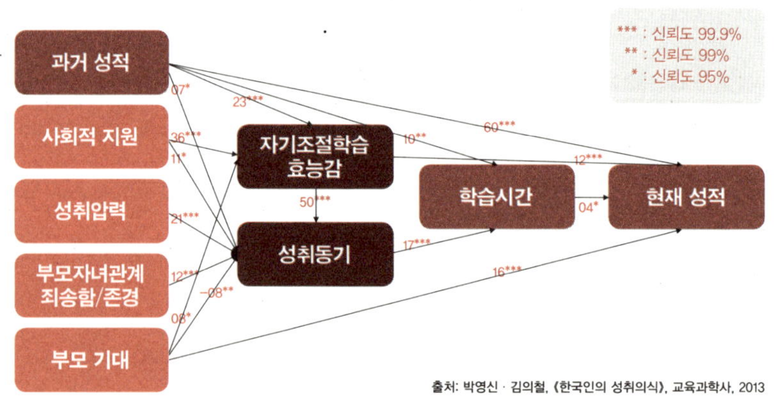

학업성취 과정에 대한 경로 분석

출처: 박영신 · 김의철, 《한국인의 성취의식》, 교육과학사, 2013

이 자료는 과거의 성적, 초등학교 6학년이나 중학교 3학년 때 공부를 잘했던 아이들이 고등학교나 대학교에 가서도 공부를 잘하고, 사회에 나와서도 생활을 잘한다는 것을 보여준다. 즉 과거의 성적이 현재의 성적에 가장 큰 영향을 미친다는 것이다. 아무리 부모가 정서적 지원, 경제적 지원, 정보적 지원을 열심히 해도 그것이 결과로 드러나기는 힘들다. 결국 아이가 스스로 '내가 할 수 있구나.' '내가 해냈어.' 하는 성취감을 맛본 후 다음 목표를 세우고 도전해야만 학습 효율이 올라간다. 부모가 아이에게 성적을 강요하고, 부모에 대한 미안함을 느낀다고 해서 아이가 곧바로 공부에 몰입하여 성적을 올리는 것도 아니다. 이 역시 성취 동기를 매개 변인으로 해야만 올라간다. 오히려 부모의 과도한 기대는 성취율을 떨어뜨리는 역효과를 준다.

이 자료에서 우리가 보아야 할 것은 바로 이 부분이다. 개인이 어떻게 하면 많은 성공 경험을 누적할 수 있는가, 어떻게 하면 잦은 성취를 통해 큰 성공으로 이어갈 수 있는가는 그 환경을 얼마나 잘 제공하느냐에 달려 있다는 것이다. 이 성공 경험들은 후속 성취 정도를 결정하는 핵심적 요소가 된다. 그래서 나는 '작은 목표', 즉 '단기 목표'와 '해결 가능한 적절한 수준의 과제'를 통해 아이들의 성취감을 높이라고 강조한다. 작은 목표를 성취하는 경험이 쌓여 나중에는 생각지도 못한 큰 도전으로 이어질 수 있기 때문이다.

혼자 공부하기 위한 팀워크 ——

　교육의 목적은 '대학 입시'가 아니라 배움을 원하는 이들이 자신의 꿈을 이루기 위한 과정을 효율적으로 가져가기 위함에 있다. 이 시대의 어른은 모두 알고 있다. 우리가 하고 싶은 일을 하는 데 있어 좋은 대학과 명확한 전공 선택이 얼마나 유리했는지를. 또한 알고 있다. 아무리 좋은 대학을 나왔어도 그것이 꼭 정답만은 아니라는 사실을 말이다. 우리는 왜 배워야 하는가. 이것을 인지한 아이들은 굳이 부모의 잔소리나 과한 사교육이 필요 없다. 미래의 교육 환경이 어떻게 바뀌든 '교육'에 대한 본질을 똑바로 바라보고 스스로의 삶을 설계하며 나아간다.

　물론 '혼자 공부한다'는 것은 아이나 어른이나 쉽지 않다. 나 역시 공부에 대한 열의, 배움에 대한 갈증이 있었지만 정작 책상에 앉으면 시간을 효율적으로 쓰기 위한 방법이 제대로 떠오르지 않았다. 이제 교사의 도움을 통해 스스로 자신의 학습 방향을 잡아나가야 하는 아이들에게는 혼자 공부하는 것이 더 막막한 과제로 주어질지 모른다. 그동안 학원, 과외 등을 통해 전문가들의 도움을 받았던 아이들은 온라인 비대면 수업을 통해 학습을 진행해야 한다. 이 상황은 결코 사그라들지 않을 것이며 앞에서 충분히 이야기했듯 더 발전된 형태로 이어져나갈 것이다. '혼자 공부하는 힘'이 부재하다면 성장과 성공은커녕 적응조차 힘들 수 있다.

그러기 위해 교사와 학교, 학생과 학부모는 팀을 이루어야 한다. '혼자 공부할 수 있는 힘'은 모든 인류에게 주어진 과제다. 따라서 이를 어릴 때부터 잡아주기 위해 개인을 향한 집중적인 사랑과 관심, 지지가 필요하다. '혼공력'을 갖춘 아이들은 누구의 말에도 흔들리지 않는다. '공부의 이유와 목적'을 자신의 미래와 결부시켜 정확하게 삶을 펼쳐나간다. 결코 인생이 100미터 달리기가 아니라는 점을 알고 있다. 자신의 페이스를 조절하며 지치지 않게 나아간다.

세상이 변해도 결코 변화하지 않는 것, 인간은 작은 성취를 통해 큰 성공을 일궈낸다는 것.

거대한 코로나 팬데믹 앞에 변하는 것과 변하지 않는 것은 무엇인가. 지금 내가 가장 놀라운 것은 이렇게 급속도로 변화하는 상황에도 불구하고 내가 하는 강의와 상담, 그리고 집필의 내용은 예전과 전혀 변한 것이 없다는 사실이다. 우리는 변화를 체감하고 빠르게 대응하는 동시에 본질에 접근해야 한다. 본질은 언제나 답을 가지고 있다. 예나 지금이나 스스로 해내는 힘, 자신의 능력을 스스로 판단할 줄 아는 자기효능감은 성공자들의 바탕이 되어왔다. 그 바탕을 만들어주는 도구가 바뀌고 있다. 그러나 그것은 어디까지나 도구일 뿐이다.

비대면 교육 시대를 맞이한 교사들의 이야기 5 -------

팬데믹 시대, 교육은 어떻게 진화하는가?

— 서울 용곡중학교 교장 강수환

코로나19가 발생한 이후 우리 삶은 많은 부분에서 급격한 변화를 맞이하고 있습니다. 2020학년도 초·중등학교 교육 현장에는 개학 연기 및 온라인 개학, 학년별 순차 등교라는 6.25전쟁 이후로 전무후무한 사태를 겪고 있습니다. 교육부와 교육청은 코로나19의 점진적인 진행에 따라서 방역당국과의 협의를 통해 3월 첫째 주부터 1~2주 단위로 수차례 개학 시기를 연장시켰고, 4월 중순에서야 온라인 개학을 시작했습니다. 그리고 5월에 들어서서 학년별 등교 개학이 순차적으로 이루어졌습니다. 이후 사회적 거리두기 2.5단계 기간에는 다시 2학기 개학 시기가 연장되는 등 현재까지도 온라인 비대면 수업으로 수업시수를 채우며 제한적인 등교가 이루어지는 상황입니다.

전염병 확산 방지라는 사회적 과제, 그리고 학생들의 교육 권리. 이 두 가지가 상충하는 상황에서 교육 현장 속에 놓인 교육자와 학부모, 학생들은 최선의 선택을 놓고 끊임없이 고민하고 행동하며 고군분투하고 있습니다. 언젠가는 교육 현장이 지금처럼 원격수업으로 이루어질 거라 예상했지만 이렇게 갑작스럽게 준비가 되어 있지 않은 상황에 맞닥뜨릴 거라고는 누구도 생각하지 못했습니다. 원격교육 시스템이 정비되어 있지 않은 상황에서 교육 방식 또한 미흡한 부분이 많았습니다. 모두가 크게 당황하고 혼란스러운 과정이 이어졌지만, 교사들은 단기간에 교육청 등의 연수를 받으면서 비교적 원활하게 온라인 수업을 준비하며 함께 협업하는 등 탁월한 역량을 발휘하면서 교육을 이끌어가고 있습니다.

• 코로나19 속 변화된 교육 현장

온라인 수업은 EBS 온라인 클래스와 구글 클래스룸 두 가지로 주로 진행되었는데 많은 학교에서 EBS 온라인 클래스를 선택했습니다. EBS에서 제공하는 온라인 강의를 각 과목 담당 교사들이 학습지 등을 제작하면서 수업에 활용했고, 그 외 교과목 교사들은 직접 핸드폰과 태블릿 PC 등을 통해 영상을 제작하고 학습지를 만들어 수업을 진행했습니다. EBS 강의를 활용해도 되는 교사 중에서도 직접 수업 영상을 제작하여 온라인 클래스에 업로드시키면서 학생들의 폭발적인 관심을 끌기도 했습니다. 최근 EBS 〈미래교육 플러스〉 출연자들은 2020년 상반기에 전국 교사들이 제작한 수업 동영상 등 교육 자료가 약 1,000만 건에 달할 거라고 예상했습니다.

온라인 수업은 학생들이 주 대상이지만 학부모들도 볼 수 있기 때문에 사실 교사들은 매시간의 수업이 공개수업이라는 부담을 갖게 되었습니다. 그렇지만 새로운 매체를 통해 수업을 준비하기 위해 연수를 받고 인터넷상에서 여러 자료를 찾아 활용하는 등 많은 노력을 기울이고 있습니다. 처음 온라인 수업을 시작할 때 담임교사와 교과별 담당교사들이 학생들에게 수업 참여방법을 알려주고 출석 체크를 하느라 매일 수십 통의 전화가 오가면서 교무실은 마치 '사랑의 콜센터'를 방불케 했습니다. 온라인 수업자료를 제작하는 과정에서는 컴퓨터 프로그램에 더 능숙한 교사들이 앞에서 끌어주며 지원해주는 등 능동적 협업이 발생하면서 교원 학습공동체의 새로운 가능성도 보여주었습니다. 대부분의 교사들은 열정적으로 온라인 수업 지도 자료를 개발하는 등 학생들의 큰 호응을 끌어내기도 했는데, 몇몇 교사들은 갑작스럽게 닥친 현 상황에 준비의 어려움을 호소하기도 했습니다.

초·중등학교 학생들은 재택 학습과 온라인 수업 기간이 장기화되면서 교육 기회가 감소되었고, 집에서 컴퓨터를 이용해 온라인 수업을 하는 데 대부분의 시간을 사용해야 했습니다. 보호자와 함께 있지 않은 일부 학생은 온라인 수업에 적응하지 못한 채 게임과 유튜브, 서핑 등에 많은 시간을 보내는 경우도 발생했습니다. 이로 인해 학생들 간에 스스로 공부를 계획하고 학습하는 자기주도학습 능력의 차이와 사교육 여부에 따라서 실력의 격차가 더욱 커지는 현상이 발생한다고 교육전문가들은 우려하고 있습니다. 이는 코로나19로 인한 초유의 상황에서 겪는 어려움이므로, 학생만을 탓하기보다는 온라인 수업 환경에서의 효과적인 시간 활용을 위해 학교와 가정과 사회에서 학생들에게 더 많은 관심과 지도가 필요하다고 생각합니다.

• 교육이 미래로 가는 길

코로나19 시대의 학교는 전통적인 교육 방식을 과감하게 버리고 비대면 온라인 교육 시대를 준비해야 합니다. 현 상황에서는 학생들에 대한 대면 교육이 매우 제한을 받고 있기 때문에 학교는 교육 당국의 지원을 받아 비대면 교육 역량과 학생들에 대한 자기주도학습 능력 함양에 집중해야 할 것입니다.

그러기 위해서 교육부와 교육청은 학교가 비대면 교육을 잘 감당할 수 있도록 교사들에 대한 비대면 교육 역량 강화를 위한 연수와, 온라인 수업 촬영과 송출을 위한 제반 장비 설치 지원, 저소득층 학생들에 대한 온라인 교육 장비 지원 등을 아끼지 말아야 할 것입니다. 교육 당국은 현장 교사들과 교장 등 관리자 대표단과의 긴밀한 의사소통을 통해 비대면 교육 활성화를 위해 필요한 행·재정적인 지원을 강화해야 함과 동시에 코로나19 방역 인력에 대한 지속적인 예산 지원으로써 학교 교직원들의 방역 부담을 덜어주어야 할 것입니다.

학교는 비대면 교육이 강제되는 시대를 맞이하여 기존의 학교 교육과정과 학사일정 등을 등교 교육과 온라인 교육과정을 고려하여 재구성하고, 학생들이 즐겁게 온라인 교육에 참여하도록 다양한 교육 콘텐츠 개발에 힘써야 합니다. 또 교사들은 대면 수업 등을 통해 학생들이 자기주도학습 능력을 갖출 수 있도록 EBS 자기주도학습 특강 등을 안내하면서 플래너를 사용하여 공부 계획을 수립하고 실천·평가가 이루어지도록 지도해야 할 것입니다. 이 모든 과정에서 학교는 학생들과 학부모와의 충분한 소통을 통해 온라인 교육이 학생들에게 자리 잡도록 최선의 노력을 다해야 합니다.

코로나19의 등장은 학교 현장에서 강제적으로 4차 산업혁명을 출발시켰다고 볼 수 있습니다. 준비할 시간도 없이 갑자기 시작된 온라인 수업 등으로 학생들과 학부모, 교육 당국과 교사들은 변화에 대한 두려움을 안고 아무도 가지 않은 길을 가기 시작했습니다. 불굴의 의지로 5000년간 수많은 국난을 이겨낸 우리나라는 이 어려움을 딛고 일어나 우리 자녀와 학생들을 교육하기 위해 지혜를 모으고 극복해나감으로써 훗날 모범 사례를 보여줄 수 있으리라 확신합니다.

Part 3

전략 포인트

학교는 어떤 장이 되어야 하며
교사는 어떻게 변화해야 하는가
– 학교와 교사의 역할 : 퍼실리테이터

최근 비대면 상담을 하면서 어떤 학부모가 내게 물었다.

"4차 산업혁명 시대에 내 아이를 학교에 보내야 할 이유는 뭘까요?"

여러 생각을 하게 만드는 질문이다. 코로나19가 시작되기 전부터 어떤 부모는 아이를 자퇴시키고 대안학교를 보내거나 홈스쿨링을 시작했다. 개별 맞춤학습에 대한 절실한 필요를 느낀 부모들은, 학교에서 불필요한 경쟁을 통해 아이가 상처를 입거나 위축되고, 또 자신이 가진 재능을 충분히 발휘할 수 없으리라 여기며 과감한 결단을 내린 것이다. 이런 결정을 하는 부모들 중에는 사회적 지위가 높고 경제적으로도 상류층에 속하는 경우도 상당히 많다는 점이 매우 인상적이다. 비대면으로 수업을 진행하게 되자 "애들을 빨리 학교에 보내고 싶다."고 말하는 부모도 있지만 더 이상 학교라는 것이 필요 없다고 인식하는 부모도 많아졌다. 교육을 할 수 있는 더욱 질 높은 콘텐츠만 있다면 굳이 여러 문제에 노출될 수 있는 학교에 왜 보내야 하느냐는 것이다.

그에 대한 답을 개인적으로 고민하던 끝에 나는 다시 본질에 집중할 수밖에 없었다. '학교는 무엇인가' 하는 본질 말이다. 학교는 사회화가 이루어지는 장이다. 즉 우리는 학교에서 인성을 배우고, 토론을 하고 서로 부대끼며 협력하는 방법을 배운다. 이것은 예나 지금이나 학교가 가지고 있는 고유의 기능이다. 나와 전혀 다른 성향의 사람을 만났을 때 어떻게 잘 지내야 하는지, 관계가 꼬였을 때 어떻게 풀어야 하는지, 나를 더 잘 표현하기 위해서는 어떠한 소통능력을 가져야 하는지 등은 AI를 통해 배울 수 없다. 아무리 좋은 프로그램도 실생활 속에 일어나는 문제를 해결하는 힘을 키워주지는 못한다. 만약 학교가 이러한 장이 되어주지 못한다면, 내담자의 질문처럼 아이들을 학교에 보내야 할 이유는 사라진다.

왜 학교에 가야 하는가 ——

지금 시대의 흐름으로 볼 때 언택트 시대의 교육 내용은 오히려 학교에서 교사를 통해 제공하는 내용보다 뛰어나다. 어쩌면 이론적으로 배울 수 있는 윤리, 도덕적 교육마저도 AI를 통해 더 확실하게 이루어질지 모른다. 우리는 앞에서 퍼실리테이터에 대해 이야기했다. 학교가 사회화의 장이라면 교사는 퍼실리테이터로서 사회화가 제대로 이루어질 수 있도록 이끄는 조력자 역할을 해야 한다. 학교보다 집에 있는 시간이 길어지면 인성교육도 집에서 더 잘 이루어질 수 있다. 따라서 교사들은 가정에서 할 수 없는 고부가가치의 교육을 제공해야 한다. 이에 대한 연구는 물론 이전의 일방적 교육 방식에서 탈피해 아이들과 협업을 할 수 있는 구조를 만들어나가야 한다.

세인트존스 대학의 카넬로스 총장이 "교수를 'Professor'가 아닌 'Tutor'라고 부른다. 교수는 학생을 가르치는 게 아니라 단지 도울 뿐이다."라고 말한 것은 미래의 우리 교육 현장에 던지는 말과도 같다. 여러 번 강조했듯 이제는 지식을 전달하고 가르쳐주는 교사(Teacher)가 아니라 아이들을 돕고 개인에 맞춘 지도를 해주는 튜터(Tutor)이자 아이들이 진로를 설계해나가는 데 가장 큰 영향력을 주는 퍼실리테이터(Facilitator)만이 학교의 의미를 부여해준다.

물론 학교는 여전히 보육의 기능을 담당하며, 예나 지금이나 이는 매우 중요한 학교의 기능 중 하나다. 현실적으로 아이를 학교에 보내야만 하는 부모들도 많다. 시간과 경제력에 따라 집에서 아이들을 케어할 수 없는 여러 사정이 존재한다. 그럼에도 학교에 보내지 않는 부모는 교사들이 퍼실리테이터의 역할을 제대로 할 수 없으리라는 불신을 가지고 있다. 학교는 이제 '어떠한 교사를 양성해내야 하는가'에 대한 고민이 필요하다. 학교에 가야 하는 의미가 희석되고 있는데다 코로나19로 인해 빈부격차가 더욱 극심해지면서 소외된 계층, 제대

교사의 역할은 부모가 아이를 학교에 보내야 하는 이유를 결정한다.

로 학습을 진행할 수 없는 아이들이 생겨난다는 것도 학교가 고려해야 할 주요한 문제 중 하나다.

1960~1970년대 지식 중심의 사회에서 교사의 권위는 매우 높았다. 그러나 1980년대 이후 경제 성장과 더불어 디지털 기술이 발달하면서 학교와 교사의 권위가 점차 낮아졌다. 그러나 다시 미래 사회는 교사의 역할의 증대를 필요로 할 것이다. 교사는 자신의 역할을 시대에 맞게 확대하여 개혁의 주체가 되어야 한다. 2020년 7월 29일 대통령직속 국가교육회의에서는 '코로나 이후 학습자 중심 교육을 위한 학교의 역할 변화'라는 주제로 사회적 협의 추진 계획을 심의, 의결했다. 이제 '교사의 역할'과 관련된 문제는 단순히 교육부의 문제가 아

니다. 미래 사회의 핵심이 될 인재들을 양성해내는 기관으로서의 학
교는, 지금 겪고 있는 위기를 기회로 전환하고 급격한 환경 변화에 대
응하기 위해 적극적인 노력을 기울여야 할 것이다.

사교육은 어떤 역할을 담당해야 하는가
- 사교육의 역할 : 컨설팅, 티칭, 코칭, 매니징

사교육의 가장 큰 기능은 '약점 학습, 완전 학습'이다. 즉 학교에서 놓친 부분을 보강해주거나 좀 더 심화된 학습을 해주는 곳, 또 학생의 수준에 맞춘 학습을 별도로 해주는 곳이 바로 학원과 같은 사교육 기관이었다. 많은 부모가 고가의 학원을 찾아가거나 과외 교사를 붙인 이유는 '내 아이에 대한 객관적 분석과 맞춤학습'을 학교에서 제공해줄 수 없다고 판단했기 때문이다. 실제로 우리 아이가 어떤 성향을 가지고 있고, 어떤 부분에 재능이 있는지를 부모는 객관성을 가지고 판단하기 힘들다. 자신이 보고 싶은 것만을 보고 다른 아이들과 비교하여 평가하는 데 익숙하기 때문에 부모가 하지 못하는 역할을 경제적 부담을 안고서라도 사교육에 의존하여 보강을 해주는 것이다.

학부모는 사교육을 어떻게 활용해야 하는가 ——

《혼자 공부하지 못하는 아이들》에서 강조했듯 공부는 아이를 객관적으로 보는 데서부터 시작한다. 객관적으로 본다는 것은 결국 Case by Case로 한 사람 한 사람에게 집중하는 것을 의미한다. 내가 볼 때 2021년 이후 교육의 가장 큰 흐름은 바로 이것이다. 나는 20년 전부터 1:1 멘토링으로 아이들을 관리해오면서 아이의 성향과 성격, 학습적인 능력, 부모의 성향과 성격, 두뇌의 성향, 기질뿐 아니라 아이가 가지고 있는 매우 사소한 습관과 흥미, 적성, 유아시절 가정환경의 특성까지도 모두 파악했다. 이러한 통합적인 객관성을 확보하지 않은 채 한 사람의 진로를 제대로 설계하는 것이 가능할까? 물론 설계 자체는 학습자의 몫이지만 전문가로서의 노하우를 통해 가이드를 해주기 위해서는 이러한 베이스를 체크하는 것은 매우 필수적이다.

사교육은 이제 수업 보강 역할을 넘어선다. 1:1로 개인의 수준에 맞추어 난이도를 정하고 일정 수준으로 실력을 끌어올리기 위한 보강 역할도 매우 중요했지만, 지금까지 해온 것만으로는 부족하다. 공교육의 교사가 담당하는 퍼실리테이터로서의 역할처럼 사교육자 역시 지식 보강 외 조력자의 역할을 포함한다. 그러나 더 중요한 것은 이제 교사인 퍼실리테이터의 역할을 보완하는 존재로서 컨설팅, 티칭, 코칭, 매니징을 담당하는 역할이 부여되어야 한다는 점이다. 온라인 교육이 활성화되면서 이제 학교를 통해서도 충분한 맞춤 교육을 실행할 수 있기 때문에, 주도적인 힘을 키워주고 진로를 설계하는 조력자로서의 역할이 좀 더 강화되어야 하는 것이다.

이제 고교학점제가 자리를 잡을 것이다. 2025년부터 전면 시행될 고교학점제는 이미 초등학생부터 영향을 주고 있다. 학생이 스스로 자신의 적성과 흥미를 파악하여 과목을 선택하고 스스로 정한 성취 수준에 도달했을 때만 과목을 이수할 수 있다. 맞춤형 교육을 제대로 구현하겠다는 취지다. 단순히 좋아하는 과목을 선택한다는 측면이 아니라 학생들은 자신의 미래를 스스로 정하게 된다. 2020년 초등학교 5학년은 고교학점제의 변화 중심에 서게 된다. 이제 교과서는 모두 바뀔 것이고 내신 체계도 변화된다. 초등학교 5학년이 대입을 치르는 2028년도에는 새로운 수학능력시험이 적용될 것이다. 이미 일부 초등학교에서는 객관식 시험을 폐지하고 있다. 주입식, 암기식, 정답 맞히기 등의 방식은 4차 산업혁명 시대에 대응할 수 없다고 판단했기 때문이다.

이러한 변화는 사교육의 역할을 무색하게 만든다. 자신의 수준에 맞춰 수업을 듣는다면 더 이상 사교육에 의존할 필요가 없어지기 때문이다. 이제 사교육의 선택은 학부모의 숙제로 남는다. 학부모는 사교육을 어떻게 활용해야 할 것인가. 부모와 학교에서 할 수 없는 '아이를 객관적으로 바라보는 것'과 '내 아이의 특성을 고려한 진로 방향성 제시'를 해줄 수 있는 사교육 선생님을 찾는 것이 그에 대한 답이 될 것이다. 학교에서 학점제 및 AI 교육을 통해 개별 맞춤 수업이 진행되긴 하겠지만, 한계는 분명 있을 것이다. 따라서 사교육은 좀 더 개인 중심, Case by Case에 맞춘 방향성이 필요하다.

객관적인 시각으로 변화를 이끌 수 있는 사람, 멘토 ——

$$C = \frac{T \text{ Training}}{L \text{ Learning}}$$

Change

이것은 아이의 변화를 일으킬 수 있는 공식으로 내가 강의와 내 책에서 자주 인용하는 것이다. 여기서 T는 트레이닝(Training)을, L은 러닝(Learning)을 뜻한다. 그럼 이 공식에서 이끌어낸 C는 무엇을 의미할까? 체인지(Change), 바로 행동 변화다. L값이 크면 클수록 C는 '0'에 가깝기 때문에 T값이 커질수록 C값이 커지는 것이다. 즉 학원(Learning)을 많이 다닐수록 성적은 올라갈 수 있지만 행동 변화(Change)는 더디다. 행동 변화가 일어나려면 T(Training)값이 커야 한다.

아이들은 두 부류가 있다. 생각이 바뀌어야 행동이 바뀌는 아이들, 그리고 행동이 바뀌어야 생각이 바뀌는 아이들이다. 좌뇌 성향의 아이들은 전자이고, 우뇌 성향의 아이들은 후자다. 내 아이가 좌뇌 성향

미래를 맞이할 사교육자들은 스스로 질문해야 한다.
'나는 학생들에게 멘토인가?'

인지 우뇌 성향인지를 파악하는 게 필요한 이유다. 아이에게 변화가 일어나려면 기본적으로 의지가 있어야 한다. 의지는 생명력이다. 죽은 씨앗에 아무리 물을 줘봐야 다시 살아나지 않는다. 아이들에게 의지를 심어주려면 체계적인 프로그램으로 접근해야 한다. 그래야만 동기부여가 되고 공부에 대한 의욕이 생긴다. 이것이 컨설팅과 학습 코칭이다. 자신이 가진 가능성과 재능을 발견하고 공부를 해야겠다는 의지가 생기는 과정이다.

그렇다면 의지만으로 공부 변화가 일어날까? 다음으로 필요한 것이 실천이다. 학습에 대한 동기부여와 의지가 생겼다면 그만큼 학습 훈련이 따라줘야 한다. 이것이 바로 실행력이다. 의지가 있어도 실행을 하지 않는다면 무슨 소용이 있겠는가. 구슬이 서 말이라도 꿰어야 보배다. 보배로 만드는 작업이 바로 끊임없는 훈련이다. 변화해야겠다는 의지를 가지고 학습 훈련을 하는 과정에는 반드시 세 사람의 노력이 필요하다. 바로 학생, 부모, 선생님(학교 교사, 학원 교사 혹은 공부 멘토)이다. 이 세 사람이 '삼위일체'가 되어야 변화를 일으킬 수 있다. 이 중에 가장 중요한 사람이 부모다. 반대로 객관적인 시각으로 변화를 이끌 수 있는 사람이 멘토다. 결국 공부 변화란 학생 자신의 노력과 부모의 의식 변화, 그리고 전문가의 손길이 하나가 되어 일으키는 것이다.

Classwo
= b×h / 2
M h b N
D h E
M B h b N
L

= L × w
A = (B+b)×h / 2

비대면 교육 시대를 맞이한 교육행정 공무원의 이야기 -------

방역·학습·돌봄
어느 것 하나도 놓칠 수 없는 교육 현장

– 인천광역시교육청 교육행정 공무원 손문숙

코로나19가 장기화되면서 학교 현장에는 많은 문제점이 생겨났고 학생들과 학부모들도 혼란스러워하고 있다. 교육 현장의 문제점을 보완하고자 교육부는 시·도교육감협의회와 함께 방역·학습·돌봄에 대한 '교육 안전망'을 발표했다. 코로나 위기와 관련한 심리적 방역까지 챙기고, 학습 결손을 막기 위해 AI와 멘토를 활용하며, 학교와 지자체가 연계한 돌봄 서비스망을 구축한다고 밝혔다.[*]

• 코로나19 관련 학교 방역 체계의 안정화

코로나19 발생 초기 학교 현장의 방역에는 혼란이 많았다. 감염병 초기에는 정부의 방역 지침에 따라 일선 학교 현장에 적용할 수 있도록 방역 매뉴얼을 수정해야 해서 학교 관리자, 교사, 직원들 모두가

---

[*] 〈아시아경제〉, AI로 학습 진단하고 심리 방역까지 챙긴다… 교육부 "학업 격차 줄일 것", 2020.8.11.

시행착오를 많이 겪었다.

코로나19가 장기화되면서 학교 현장에서는 방역의 체계가 잡혔고 교육청에서 방역 인력도 지원받아 안정적으로 방역을 수행하고 있다. 사회적 거리두기 단계 완화에 따른 등교 시에도 크게 걱정을 안 해도 될 만큼 학교에서는 체계적인 방역 수칙을 잘 지키고 있다. 학생, 교직원들은 매일 교육부 모바일 앱을 통해 코로나19 관련 건강 상태를 체크하고 있고, 조금이라도 의심이 생기면 보건소와 협력해 매뉴얼대로 처리한다.

교육부는 '교육 안전망' 발표에서 방역 전문가를 교육청에 배치하고 학교에도 방역 업무 인력을 계속 지원하며 학원법을 개정해서 학원에서도 방역 수칙이 잘 지켜지도록 강제할 방침이다. 특히 자가격리자와 확진자의 경우 심리적 충격이나 낙인 우려 등으로 학교 복귀 시까지 심리치료를 지원한다고 밝혔다.

• 비대면 온라인 수업으로 인한 학습 결손 및 교육 양극화 현상 해소

비대면 수업 전환으로 준비 없이 온라인 수업을 하게 된 교사들은 처음에는 많이 혼란스러워했다. 온라인 수업이지만 정규 교육과정의 학습 진도를 다 나가야 해서 학생들의 학습 이해와 상관없이 진도 빼기에 바빴다. 〈사교육 걱정 없는 세상〉의 5월 설문조사에 의하면, 응답자 대다수는 온라인 수업 내용을 "아이가 잘 이해하지 못할 것"이라고 답했고, 응답자의 62%는 온라인 수업으로 학부모의 학력과 경제력으로 인한 학생들의 교육격차가 심화되었다고 답했다. 교사들 역시 학습공백 및 교육격차에 우려를 표했다. 2021학년도 대학수학능력시험 (수능) 6월 모의 평가 결과를 보더라도 상위권과 중위권의 격차가 벌어졌고, 중위권으로 분류되는 2~4등급 학생 비율은 모두 감소했다.[*]

한국교육학술정보원(KERIS)이 발간한 '코로나19에 따른 초·중등학교 원격교육 경험 및 인식 분석'에 따르면, 원격수업 이후 학생 간 학습 격차 발생 여부를 묻는 질문에 교사 79%가 '격차가 커졌다'고 답했다. 학부모들은 원격수업 시행 이후 학교 측의 온라인 강의 링크 등 학생 관리와 수업의 질이 불만족스럽다는 문제를 제기해왔다.[**]

하지만 코로나19 장기화로 온라인 수업을 계속해나가면서 교사들도 점점 온라인 수업에 적응해나갔다. 교육부에서 2학기에 쌍방향 수업을 늘리기 위해 2021년까지 전국 초·중·고 약 20만 개 교실에 고성능 무선망을 구축하고 노후 컴퓨터 20만 대를 교체해준다고 발표했다. 교육부와 교육청에서 교사들이 질 좋은 온라인 수업 콘텐츠를 만드는 데에만 전념할 수 있도록 시스템과 정책을 잘 지원해준다면 온라인 수업의 질도 많이 향상될 수 있을 것이다. 교육전문가들은 지금과 같은 상황에서 그나마 교육격차를 해소할 수 있는 방법으로 '실시간 원격수업'을 제안한다. 지금이야말로 '실시간 원격수업'을 본격적으로 도입할 때라고 지적한다. 코로나19가 장기화될 것으로 예상되는 만큼 위기를 기회로 삼아 비대면 수업을 체계적으로 할 수 있

---

[*]　〈주간동아〉, 원격수업으로 중위권 사라진 '교육 양극화', 2020.7.24.

[**]　〈중앙일보〉, 교사 66% "원격수업 준비 잘돼" VS 학부모 절반 "만족 못해", 2020. 9.21.

는 시스템을 만들어야 할 것이다.

• 학교에 등교하지 못해 가정에 방치된 아이들을 위한 돌봄체계 강화

코로나19 상황에서 학교에 등교하지 못하는 일수가 길어짐에 따라 돌봄사각지대가 생겨났다. 교사와 친구들과 대면하는 시간이 적어 혼자 집에 방치된 아이들이 생겨난 것이다. 그 결과 '라면형제 화재'를 비롯해 아동 학대와 관련한 안타까운 사건들이 일어났다. 부모의 학대와 방치, 학교와 사회의 협력 대응체계가 부족해 일어난 인재인 셈이다.

학교에서의 아이들에 대한 돌봄은 학교와 지역사회가 함께 해야 한다. 교육부에서도 '학교와 지자체가 연계한 돌봄 서비스망을 구축한다'고 대안을 제시했다. 학교는 빈 교실을 제공하고 지자체는 시설과 인력을 지원해야 할 것이다. '한 아이를 키우려면 온 마을이 필요하다'라는 아프리카 속담이 있다. 어른들의 무관심 속에 학대받고 죽어가는 아이들이 더 이상 생기지 않도록 아이들의 돌봄만큼은 학교 현장에만 맡겨서는 안 된다. 아동과 관련한 모든 국가기관이 협업해서 아이들을 체계적으로 관리해줘야 한다.

2020년을 전문가들은 '위드 코로나(With Corona)'라고 말한다. 현대 문명사회에 사는 우리는, 인간은 누구나 자유롭다고 믿고 있었다. 그러나 코로나19를 통해 재앙이 존재하는 한 그 누구도 자유로울 수 없다는 사실을 뼈저리게 깨닫게 되었다. 코로나19를 경험 삼아 어떤 바이러스 재앙에도 흔들리지 않는 교육 현장이 되려면 교육계의 모든 구성원들이 소통하고 협력해서 대비책을 세워야 할 것이다.

학생은 어떻게 공부해야 하는가
– 학생의 역할 : 자기구조화 학습자

최근 몇 년 동안 학생들을 컨설팅하면서 가장 심각하게 고민하게 되는 문제가 있다. 바로 아이들에게 '하고 싶은 것'이 없다는 사실이다. 아이들은 자신이 '왜 공부해야 하는지'를 전혀 모른 채 일찌감치 선행학습을 시작하고 점점 많아지는 공부량을 감당한다. 여기에 스스로 공부하는 힘마저 부족하니 사교육에 대한 의존도는 높아져 스스로 공부 플랜조차 짜지 못한다. 반복하는 습관을 통해 뇌 훈련을 하고 학습한 내용의 이해를 넘어 정리를 해서 내 것으로 만드는 것이 공부인데 거기까지 에너지를 투여하고 싶어 하지 않는다. 부모는 아이에게 공교육과 함께 많은 사교육을 얹어 주입식으로 교육을 해왔기 때문에 받기만 했던 아이들은 스스로 찾아서 공부해야 할 이유를 알지 못한다. 이런 환경에서 학습은 마치 모래 위에 집을 쌓는 것과 같다. 시험만 끝나면 머릿속에 있던 것은 다 사라지고 만다. 공부는 미래의 꿈을 실현하기 위한 평생의 도구로써 다양한 지식을 축적해 실생활에 활용하는 것이 중요하다. 꾸준히 쌓인 지식이 삶의 곳곳에서 나만의 방식으로 나와야 하는데 쌓일 틈 없이 시험지 위에 답으로 쏟아진다.

'왜 공부해야 하는지'를 모르니 자신의 진로를 선택하는 데 어려움을 겪는다. 스스로 체험을 해보거나 책을 통해 간접경험을 한 후 '내가 무엇을 하고 싶은가'를 진지하게 찾아내야 하지만 그러지 못한다. 보통 부모의 생각을 따르거나 공교육 혹은 사교육자의 조언에 따른다. 아이들은 자신을 객관적으로 보고 자신이 좋아하는 것, 잘하는 것을 찾아낼 수 있어야 한다. 자기효능감을 통해 성취한 것들을 토대로 흔들리지 않는 방향을 잡아낼 수 있어야 한다. 그러나 성적에만 치중된 학습 방향은 직·간접적 경험을 부재하게 만들고 주도적으로 학습을 설계할 수 있는 혼공력을 떨어뜨린다.

이에 따라 아이의 '태도 문제'가 심각해진다. 인성, 인내력, 자기 조절력 등이 과거에 비해 현저히 떨어진다. 조금만 힘들어도 아예 포기해버리는 태도, 스스로 힘들게 해야만 성취할 수 있는 것들에 전혀 도전하지 않는 태도, 직면과 소통을 회피하고 최소한의 불협음을 막기 위한 수동적 태도 등이 긍정적 미래를 가로막는다. 사실, 이런 태도는 생활 속에서 조금만 잡아주면 많은 변화를 일으킬 수 있다. 자기 전에 그날의 반성을 통해 내일 할 일을 써보는 것, 학교와 가정에서 부모, 학우, 교사들과 다양한 주제를 통해 소통하는 것 등은 아이들의 태도 문제를 변화시킬 수 있는 키가 될 수 있다.

나만의 멘탈 관리, 나만의 공부법이 필요하다 ——

변화의 시대에도 여전히 앞에서 이야기한 아이들의 문제는 점점 커져갈 것이다. 학생들은 이제 지식을 아는 데 그치지 않고 쌓아서 자기 것으로 만들어 활용하기 위한 전략을 세우고 공부해야 한다. 공부는 결국 습관이다. 따라서 멘탈이 중요하며 나만의 공부법이 중요하다. 우리가 배워야 할 모든 것은 현재 제공되는 교과서(온·오프라인 수업이 제공해줄 콘텐츠) 속에 다 있다.

학생은 이제 '내가 왜 공부를 해야 하는가'에 대한 정확한 해답을 지닌 채 '왜 수학을 잘해야 할까' '왜 영어를 잘해야 할까' '여기에 대한 나만의 공부법은 무엇인가'에 대한 세부적인 결론을 내리며 가야 한다. 똑같이 1시간을 공부해도 10시간을 공부한 만큼의 효율을 내는 아이들은 자신에게 가장 잘 맞는 공부법을 가지고 있다.

뿌리가 아무리 견고해도 열매를 맺지 못하는 나무가 있다. 무당벌레가 나무 속에 집을 지어놓으면 나무는 영양분이 이동되는 통로인 줄기가 막혀 죽게 된다. 학습도 마찬가지다. 뿌리가 아무리 튼튼해도 줄기에 해당하는 공부 방법이 제대로 관리되지 않으면 좋은 결과를 얻지 못한다. 상담을 해보면 많은 학생이 어떻게 시작해 어떻게 끝내야 하는지 모른 채 두서없는 공부를 한다. 온라인 수업이 더욱 본격화되면 될수록 아이들은 자신이 가장 효율을 잘 낼 수 있는 공부법을 필요로 하게 될 것이다. 자신이 가진 능력치를 최대한 끌어내기 위해서는 학습 흐름을 전체적으로 파악하면서 부분을 연결하고, 또 그 부분을 가지고 전체를 만들어내는 공부법이 필요하다. 신중하고 꼼꼼한 성격의 학생들은 부분에만 집중하고, 공간지각력이 높은 학생들은 숲만 보려 하는 경향을 보인다. 그래서 학습 코칭을 할 때 나는 반드시 5단계 패턴 학습을 통해 자신의 문제점을 파악하고 개선할 수 있도록 한다. 그 패턴은 다음과 같다.

1단계, 전체보기

우리가 여행을 떠날 때 가려고 하는 곳의 지도를 보거나 그림을 그릴 때 스케치를 먼저 하듯이 학습에도 가장 먼저 해야 할 일은 전체의 흐름을 잡는 것이다. 전체의 흐름을 잡을 수 있다면 공부의 절반은 끝난 셈이다. 전체를 보지 못하면 부분 간의 연결고리를 찾을 수 없다. 전체보기는 새로운 지식을 기존 지식에 연결시킬 수 있도록 만드는 과정이다. 이 단계는 특히 STEAM으로 대표되는 융합교육에서 중요시된다. 여러 과목, 다양한 경험을 통해 받아들인 지식을 하나의 흐름으로 꿸 수 있는 능력을 키우기 위해서는 전체를 보는 능력이 반드시 필요하다. 학습은 항상 큰 그림을 먼저 그리는 게 중요하다. 공부에 뼈대를 세우고 살을 붙이는 작업은 일단 흐름과 맥을 잡고 꿰뚫어야 가능하다. 전체보기는 메타인지학습으로 내가 아는 것과 모르는 것을 파악하고 어떻게 공부해야 할지 방향성을 잡아주기 때문에 학년이 올라갈수록 더욱 중요해진다. 공부는 전체보기로 시작해서 전체보기로 끝난다. 이 5단계의 시스템이 습관으로 정착된다면 통합적 사고가 생기면서 공부의 기본기가 완성된다.

2단계, 개념이해

개념이해인 2단계는 실제로 '교과서 읽기'다. 에듀테크가 공교육에 도입되면 게임, 영상 등을 통해 더욱 흥미로운 콘텐츠 형태의 교과서가 제공될 것이다. 그러나 이론을 토대로 한 기본적인 학습 내용은 결국 텍스트로 제공될 수밖에 없다. 따라서 '교과서 읽기'라는 말에는 '읽기능력'을 포함하여 공부를 이해하는 과정 및 흐름이 모두 포함된다. 독서량이 현저히 떨어지는 요즘 자신을 '난독증'이라고 말하는 사람이 늘었다. 그러나 읽기능력이 부족하면 학습능력에도 치명적 영향을 미친다. 읽기능력이란 곧 이해력과 핵심 파악 능력인데 이것이 제대로 되지 않으면 문제를 해결할 수 없기 때문이다. 읽기능력은 기본적으로 교과서를 읽는 데서부터 시작할 수 있으며, '효과적인 교과서 읽기'를 통해 향상시킬 수 있다. 즉 교과서를 통해 개념을 이해하는 방법을 배워야 하는데, 개념이해가 잘 안 되는 학생의 경우 노트필기에 연연하지 않고 읽기능력, 독서력을 향상시켜 이해력과 분석력을 키우

독서는 자라는 아이들에게 인생의 나침반이 되어준다.

는 훈련을 해야 한다. 글을 읽고 이해할 수 있어야 정리도 가능하다.

어릴 때부터 독서에 대한 흥미와 능력을 키운 아이들은 자라서도 개념을 이해하고 전체를 바라보는 것에 어려움을 느끼지 않는다. 따라서 부모는 독서에 대한 중요성을 인식하고 아이에게 먼저 독서 훈련을 시켜야 한다. 이제는 성적만으로 대학을 가는 시대가 아니다. 아이의 인성과 역량을 종합적으로 판단하는 시대이기 때문에 모든 공부의 가장 기초가 되는 읽기능력을 위해 독서는 필수가 되어야 한다. 영국의 사상가 에드먼드 버크는 "생각하지 않고 읽는 것은 씹지 않고 식사하는 것과 같다."고 했다. 책을 읽음으로써 얻을 수 있는 생각의 깊이에 관해 말해주는 명언이다. 효율적인 독서는 학습에 동기를 부여

해주고 집중력을 길러준다. 인성적인 면에서는 건강한 생각과 가치관을 형성하도록 도와 인생의 나침반 역할을 해준다. 세인트존스 대학교에서 철학, 과학, 역사, 문학 등의 고전읽기를 커리큘럼으로 둔 것도 그러한 이유 때문이다. 이미 어릴 때부터 인생의 나침반을 보유한 아이들은 결코 흔들리지 않고 자신의 길을 찾아나간다.

3단계, 재배열

공부는 이해하는 것으로 끝나지 않는다. 배우고 이해한 것을 기억하고 암기해 다시 꺼내 쓸 수 있는 상태로 만들어야 완성된다. 이해에서 암기로 가는 중간 단계, 학습의 구조화 단계가 바로 재배열, 즉 노트정리다. 이때의 노트정리는 보고 베끼기 식의 노트정리가 아닌, 지식을 나만의 것으로 재배열하고 구조화해 나만의 복습노트, 정리노트를 만드는 것이다. 노트필기는 지식을 정리하는 것이 아니라 자기 생각을 정리할 수 있어야 한다. 이 단계는 자기주도학습에서 가장 중요한 과정임에도 불구하고 대부분의 학생들이 올바른 노트정리법을 모르거나 어렵고 귀찮게 생각해서 이 과정을 생략한다.

학습을 체계화, 조직화, 구조화하는 재배열은 인지능력을 말한다. 심리학적으로 보면 0세부터 8세까지 발달되는 것이 심리, 정서적인 부분이다. 그리고 초등학교 2학년부터 4, 5학년까지 발달하는 것이 인지능력이다. 인지능력은 사고하는 능력인데 뇌에 학습을 구조화하고 체계화하는 방이 만들어지는 것이다. 그리고 초등학교 6학년 이후에 발달되는 것이 창의적, 활동적 학습이다. 그런데 우리나라 부모들은 인지능력을 간과하는 경향이 있다. 뇌에 하나하나 방을 만들려면, 즉 인지능력이 생기려면 무조건 반복학습을 해야 한다. 반복하지 않으면 인지능력 발달이 부족하게 된다. 반복학습이 이루어지지 않으면 자연스럽게 정리도 되지 않는다. 인간의 뇌는 정리하고 반복하는 것만 기억한다. 그래서 재배열이 중요한 것이다.

그렇다면 재배열과 가장 밀접한 관련을 맺고 있는 과목은 무엇일까? 바로 수학과 국어다. 그중에서도 특히 수학 계산력(대수편)이 절대적이다. 인지능력을 키워주는 반복학습의 가장 대표적인 과목이기 때문이다. 수학과 국어를 좋아하는 아이들은 조직하는 능력이 뛰어나다. 조직화, 구조화, 체계화하는 능력은 수학에서 훨씬 더 발휘된다. 이러한 인지능력은 초등학교 5학년 때까지 발달된다. 그렇기 때문에 심지어 '교육은 초등학교 5학년 때 다 끝난다'고 말하는 사람도 있다. 인지능력이 형성되는 시기인 만큼 그 말이 아주 의미가 없는 것은 아니다. 그만큼 중요한 시기라는 말이다.

이러한 인지능력이 효과를 발휘하는 시기는 바로 중학교 때다. 초등학교 때 습관을 잘 들인 아이들은 중학교, 고등학교에 가서도 어렵지 않다. 재배열이란 꺼낼 수 있는 지식으로 변환하는 작업이다. 아이가 머릿속으로 스스로 정리하고, 자신만의 방법으로 다시 꺼낼 수 있어야 한다. 그런데 수학은 개념 때문에 재배열이 쉽지 않은 과목이다. 그러므로 진정한 재배열 능력은 설명하는 데서 발휘되고, 비로소 학습적인 결과를 얻을 수 있다.

인간은 정리가 안 된 혼돈 상태인 엔트로피(Entropy) 상태에서 태어나는데, 이러한 무질서 상태에서 네트로피(Netropy), 즉 질서화, 조직화, 정보 체계화하는 것이 바로 독서다. 독서와 수학은 학습에 있어 굉장히 중요한 영역이다. 국어는 질서화하고, 수학은 구조화한다. 이 두 가지가 갖춰진 아이들이 정말 공부를 잘하는 아이들이다. 구조화 능력이 있는 아이들은 상위권으로 도약할 수 있지만, 최상위권에 들어가는 아이들은 질서화 능력이 뛰어난 아이들이다. 따라서 수학을 잘하면 상위권에 올라갈 수 있지만, 최상위권이 되려면 국어가 더 중요하다.

기록은 기억을 지배한다는 말이 있다. 그만큼 기록이 중요하다는 말이다. 공부하는 학생들에게도 마찬가지다. 학생들의 기록은 노트필기다. 노트필기는 그 쓰는 행위 자체만으로도 심리적 안정감을 주고, 자신의 언어로 표현해 적기 때문에 더 쉽게 이해할 수 있게 해준다. 손은 제2의 뇌다. 손으로 쓰면 더 오래 기억할 수 있다. 뇌와 연결된 뇌세포는 손, 얼굴과도 많이 연결되어 있다. 그래서 어렸을 때 신체 마사지를 해주거나 자주 웃으면 뇌가 발달한다. 젓가락을 많이 쓰는 동양 사람들이 머리가 좋은 이유도 손을 많이 사용하기 때문이다. 주변에서 보면 피아노를 잘 치는 아이들이 머리가 좋은 경우도 많다. 공간지각력이 높은 아이들이 기본적으로 머리가 좋은데, 만약 반복학습의 대표적인 수학을 싫어하면 그냥 머리만 좋게 되는 것이므로 미술 분야에 관심을 많이 보인다면 학습적인 성실성(반복학습)을 강조해야 한다.

4단계, 약점 학습

'약점 학습'이란 곧 문제풀이를 의미한다. 실수하는 10%의 약점을 해결하기 위한 방법을 찾는 것이다.

문제를 푸는 이유는 두 가지다. 첫째, 문제 유형을 파악하기 위해서다. 문제 유형을 파악하면 단원의 학습 목표와 출제자인 교사의 의도를 알 수 있다. 둘째, 아직 모르는 부분이 무엇인지 약점을 발견하기 위해서다. 약점을 파악해 틀린 문제를 다시 틀리는 실수를 줄이는 것이다. 문제해결능력을 키우고 상위권으로 도약하기 위해서는 틀린 문제를 또다시 틀리지 않아야 한다. 개념을 이해하고 그것이 암기가 된 상태에서 문제를 풀어야 오답을 줄이고 약점을 해결할 수 있다. 따라서 오답 정리를 통해 틀린 이유를 파악하고 개념을 다시 완벽하게 정리해 암기하는 것이 좋다.

과목 중에서는 특히 수학에서 약점과 유형을 파악하려는 자세가 필요하다. 그래서 수학은 꼭 오답노트를 써야 한다. 많은 문제를 푸는 게 중요한 것이 아니라 나에게 약한 문제 유형을 찾는 게 핵심이다. 그렇기 때문에 어떤 문제 유형을 틀리는지 파악하기 위해 오답노트가 필요하다. 계속 쉬운 문제만 푸는 것은 의미가 없다. 사회나 과학, 국어 등 복습노트와 정리노트를 쓰는 과목들은 오답노트를 쓸 필요가 없다. 하지만 수학은 오답노트 안에 개념노트, 정리노트가 다 들어가 있다. 그래서 수학은 오답노트가 중요하다.

AI는 앞으로 이 4단계에 대해 많은 도움을 제공할 것이다. 학습자의 약점에 대한 캐치가 누구보다 빠르고 정확할 수 있다. 빅데이터를 활용한 정보 수집과 분류는 학생이 취약한 부분을 정확하게 제시하여 오답노트를 작성하는 일을 훨씬 효율적으로 만들어준다. 자신의 약점을 보완하는 일은 사교육에 많이 의존해왔지만, 이제 혼자 공부하는 힘만 갖춰진다면 기술의 도입을 통해 수월하게 이 단계를 밟을 수 있게 된다.

5단계, 심화 학습

총정리는 자기화 과정이다. 5단계 패턴 학습의 마지막 단계로 1~3단계에서 흐름을 파악하는 개념학습을, 4단계에서 약점 학습을 전개한 후, 전체적으로 심화 학습을 하는 총정리 단계다. 작게는 현재 하고 있는 공부 과정의 마지막 단계가 될 수도 있고, 크게는 시험을 앞두고 정리노트를 작성하면서 그동안 공부했던 내용을 전체적으로 확인하는 작업이 되기도 한다. 학습은 전체보기로 시작해서 전체보기로 끝난다. 앞에서 부분을 전체에 연결시키는 과정을 공부했다면 총정리는 심화 문제를 풀어 자기화하는 과정이다.

이 단계에 속하는 아이들은 가장 최상위권으로 자신이 가진 5%의 약점을 극복하기 위해 노력한다. 만약 약점이 5% 이상이라면 다시 문제풀이 단계로 가야 한다. 총정리 단계에서는 전체를 연결하는 통합 훈련이 필요하다. 심화 공부를 위해 선행학습을 진행하며, 심화 공부의 기초 단계로 비문학 독서와 신문 사설을 병행한다. 진짜 공부 잘하는 아이들의 두 가지 공통점은 바로 복습과 질문이다. 복습도 잘하고 질문까지 하면 완벽한 학습이 되는 것이다.

자기구조화 학습자 ——

미래인재의 네 가지 필요 역량을 4C라고 부른다. 이는 곧 창의력(Creativity), 협력(Collaboration), 비판적 사고력(Critical Thinking), 소통(Communication)이다. 학생 개인의 창의성과 다양성을 발휘할 수 있도록 하고, 그 바탕 위에 상호조화를 통해 더 나은 가치를 창출하는 인재가 되도록 하는 것이다. 교육정책 또한 학생 개개인이 다양성을 최대한 발휘할 수 있도록, 즉 학생 각자가 가진 학습속도와 목표 중심으로 교육이 이루어질 수 있도록 지원을 강화할 것이다.

나는 상담을 할 때 아이들에게 항상 아래의 방법들을 지킬 것을 강조한다.

학생의 역할

학습적 측면	생활적 측면
공부의 우선순위를 정한다	운동(유산소운동)을 반드시 한다
플래너(목표설정)를 작성한다	역치(한계치)를 경험한다
교과서를 많이 본다	'GRIT'을 높인다
인강을 많이 활용한다	깨어 있는 시간을 효율적으로 사용한다
노트필기를 습관화한다	정리정돈을 한다
독서(비문학)를 많이 한다	일정한 시간에 책상에 앉는다
나만의 공부방법을 찾는다	멀티태스킹을 하지 않는다

아이들은 저마다의 방식으로 구슬을 꿰어 멋진 작품을 완성해낸다.

이는 무척 간단하지만 세상이 변해도 변하지 않을 학생 역할의 본질이기 때문이다. 이 본질을 바탕으로 공부를 통한 성취를 경험한 아이들은 자신만의 방식으로 삶을 설계해나간다. 우리는 앞에서 '자기구조화 학습'에 대해 이야기했다. 미래의 학생들은 더 이상 일방적 교육에 의존하지 않고 자신의 미래를 주도적으로 설계해나가게 될 것이다. 자기구조화 학습자는 학습이 아닌 목표를 지향하며, 퍼실리테이터의 도움을 적극적으로 활용하여 자신의 학습 설계에 반영한다. 새로 도입되는 다양한 기술을 바탕으로 교사, 부모, 사교육과 협업하며 자신의 진로를 잡아나간다.

이 책은 2021년 이후 벌어질 교육의 변화를 예측하여 쓰였지만 사실 이 책을 집필하는 지금 이 순간에도 세상의 변화는 급속도로 이루어지고 있다. 교육계는 그 변화의 가장 더딘 속도를 보였지만 이제는 이야기가 달라지고 있다. 콘텐츠의 질이 높아지고 양이 방대해질수록 '나만의 공부법'을 갖춘 학생들의 자질이 요구된다. 방 안에 멋진 구슬들이 셀 수 없을 만큼 많이 놓여 있다. 이제 아이는 그것을 꿰어 하나의 작품을 완성할 것이다. 아이는 자신이 만족할 만한 꿈의 작품을 만들기 위해 어떤 구슬이 놓여 있는지 전체를 둘러볼 것이다. 이것을 시작으로 인생이라는 긴 여정을 시작할 것이다. 또 언젠가 자신만의 색깔을 가진 멋진 작품을 만들어낼 것이다. 이 아이가 더 행복하고 멋지게 자신의 작품을 만들어가게 하려면, 교사와 학부모는 이제 어떤 역할을 해주어야 할까?

학부모에게는 무엇이 필요한가
– 학부모의 역할 : 전략가

요즘 학부모들이 가장 고민하는 문제는 진로다. '우리 애가 제대로 공부를 하고 있을까.' 급변하는 교육 체계 때문에 더욱 그 고민은 심각해진다. 또 글을 읽고 정리하는 능력이 현저히 떨어지고 있다는 것도 큰 고민의 축이다. 요즘 아이들은 유튜브 등의 디지털에 익숙해져 있기 때문에 독서를 멀리 한다. 그래서 개념을 추리고 정리하는 데 취약하다. 가만히 앉아서 글을 읽는 것도 힘들어할뿐더러 그것을 정리하라고 하면 하품부터 한다. 이러한 아이들에게 부모는 무엇을 해주어야 할까.

온라인 수업에 취약한 아이들이 많다. 요즘 상담을 해보면 학부모들이 아이가 온라인 수업에 집중을 하지 못한다고 걱정한다. 앞으로 온라인 수업은 점점 더 중요해질 것이다. 인강(인터넷 강의)은 중학교 때부터 반드시 들어야 하는 필수 과정이며, 이제 모든 과목이 인강으로 가능해질 것이다. 인강은 수준별 맞춤학습을 통해 약점 보완이 가능하고, 주도적인 힘과 집중력을 높일 수 있다는 장점이 있다. 또 고등 내신에 절대적인 영향을 미치는데, 수능 EBS의 70%가 인강과 연계된다. 나와 맞는 선생님을 선택할 수 있다는 것도 장점 중의 하나다.

이처럼 인강의 비중이 커지면서 부모들의 걱정도 늘어간다. 그러나 트렌드가 바뀌어도 본질적으로 바뀌지 않는 것이 있다. 바로 혼자서 공부하는 능력, 독서의 중요성, 아이를 객관적으로 바라보는 부모의 태도다. 인강은 이해와 정리, 암기와 자기화의 과정을 통해 공부가 이루어진다. 생각, 태도(감정), 행동의 과정을 거쳐 습관이라는 열매를 만들어내기 때문에 이때 아이가 혼자 공부하는 힘을 키워주고, 공부를 지속할 수 있는 힘을 심어주기 위한 부모의 역할은 매우 중요해진다. 부모는 이제 과거 입시설명회에 우르르 몰려가 정보를 얻던 역할을 넘어 정확한 정보를 취합하고 아이의 미래를 함께 짤 수 있는 전략가로서의 역할이 강조된다. 여기에는 부모의 객관적 태도가 무척 중요하다. 물론 내 아이를 개관적으로 바라보는 것은 쉬운 일이 아니다.

그러나 보고 싶은 것만 보는 태도를 좀 내려놓기만 해도 문제의 반은 해결된다.

1999년 미국의 심리학자 다니엘 사이먼스(Daniel Simons)와 크리스토퍼 차브리스(Christopher Chabris)의 흥미로운 실험에 대해 얘기해보자. 사이먼스와 차브리스는 6명의 학생들을 두 팀으로 나누어 한 팀은 검은색, 다른 한 팀은 흰색의 티셔츠를 입게 했다. 그리고 이들이 서로 농구공을 패스하는 장면을 동영상으로 찍어 실험자들에게 보여줬다. 실험자들은 영상을 보면서 흰옷을 입은 팀이 몇 개의 패스를 하는지를 세라는 지시를 받았다. 그리고 영상이 끝난 후 물었다.

"혹시 선수들이 아닌 다른 누군가를 보았습니까?"

사실 이 영상에는 고릴라 복장을 한 학생이 고릴라 흉내를 내듯 가슴을 두드린 후 퇴장하는 모습이 담겨 있었다. 하지만 흰옷을 입은 팀의 패스에 집중한 나머지, 대부분의 실험자들은 그 고릴라를 보지 못했다. 이것이 바로 심리학 역사상 가장 유명하고 독창적인 '보이지 않는 고릴라' 실험이다.

실험자들은 농구공에 대한 인지능력은 있지만 고릴라에게는 관심이 없었다. 한 가지에 집중하면 명백히 존재하는 다른 것을 보지 못하는 인지적 실험이었다. 이 실험이 말해주는 것은, 사람은 자신이 보고 싶은 것만 본다는 사실이다. 부모도 마찬가지다. 보려고 하는 부분에만 관심이 있다 보니, 아이가 신호를 보내는 다른 부분은 보이지 않는다. 제 나름대로 열심히 공부하고 노력하는 아이에게 부모가 더 많은 것을 바라기만 한다면, 아이는 있던 의욕마저 상실하게 된다. 또 공부나 성적만 놓고 잔소리를 한다면 아이는 학습에 있어 부정적일 수밖에 없다. 성취감이 느껴지지 않는 공부에 아이의 학습 태도는 늘어지게 마련이고, 부모와 아이의 관계도 점점 나빠질 것이다. 이런 케이스로 상담을 한 적이 있었는데, 이야기를 쭉 듣던 학부모가 펑펑 울음을 터뜨렸다. 그동안 아이가 하는 말을 들으려고도, 아이의 장점을 살피려고도 하지 않았다면서 늘 잔소리만 해댔던 자신이 후회가 된다고 말했다. 사실 이런 이야기를 심도 있게 하다 보면 눈물을 보이는 학부모들이 많다. 공부만 아니면 우리나라 모든 엄마와 아이가 행복할 것이란 생각에 씁쓸해지기도 한다. 하지만 분명, 해결 방법은 있다. 우선은 아이를 바라보는 습관, 태도부터 바꾸는 것, 내 아이를 객관적으로 파악하고 살피는 것이다.

그렇게 하지 못하고 자녀에게 무리하게 학업을 강요하거나, 장래희망 등을 강요하는 양육 태도는 자칫 자녀에게 정서적 문제를 일으킬 수 있다. 논문 〈부모의 양육태도가 청소년의 비행에 미치는 영향〉을 살펴보면, '부모가 마치 자녀를 소유물처럼 여겨 자녀의 생활을 간섭하고 통제하는 태도는 불안과 우울 등 정서적 문제를 일으킬 수 있고, 공격성이나 비행 등을 낳기도 한다'고 지적한다. 또 '자녀들이 스스로 목숨을 끊는 극단적 선택을 할 수도 있다'고 경고한다. 2017년 한 해만 우리나라 학생 자살사망자는 114명으로 학생들이 사흘에 한 명꼴로 안타까운 죽음을 선택했으며 학생 자살시도자도 무려 451명, 자해 행위를 시도한 학생은 2,200명 수준으로 조사되었다. 청소년들이 자살을 생각하는 이유는 과도한 경쟁 속 성적부진, 입시 고민 등 학업으로 인한 스트레스가 가장 크다고 분석된다. 특히 특목고에서 자살까지 생각한 고위험군 학생이 5,288명에 달했다. '특목고 입시 스트레스'는 현재도 '특목고·영재고·자사고 입시 스트레스'나 'SKY 진학 스트레스' 등으로 이어지고 있다.

결국 부모가 자신의 아이를 객관적으로 바라보지 못해서 일어나는 현상이다. 대부분의 부모는 내 아이의 능력을 실제 능력보다 높게 보는 편이다. 현실보다는 이상을 추구하는 것이다. 아이를 객관적으로 보기 위해서는 통합적인 시각이 중요하다. 단순히 성적으로 아이를 판단하고 파악하는 시대는 지났다. 아이가 가지고 있는 능력, 성격, 적성 등에 따라 아이의 특성이 달라질 수 있기 때문이다. 성격을 예로 들자면 부모와의 애착 관계, 출생 순위, 형제자매 관계 등에 따라 여러 유형으로 다양하게 나타날 수 있다.

그림 하나를 보여주더라도 아이들의 반응은 다 제각각이다. 성격과 성향에 따라 자신의 눈에 먼저 보이는 것들이 다르고 그림을 보면서 드는 생각도 가지각색이다. 따라서 아이에게 꼭 맞는 학습방향을 찾아주기 위해서는 아이의 성향 파악이 우선이다. 자녀를 객관적으로 이해만 해도 학습의 반은 성공할 수 있다. 모든 결과에는 이유가 있듯 아이에게 나타나는 모든 현상에는 문제를 일으키는 원인이 존재한다. 그러한 문제를 찾아내고 해결한다면 성적도 자연스레 오른다. 제대로 된 컨설팅을 통해 자녀의 공부 문제를 진단하고 학습 방법이나 전략을 세워야 한다. 다시 말해 내 아이를 객관적으로 보는 것부터가 공부의 시작이다.

모든 교육의 출발은 가정에서부터 ——

AI와 퍼실리테이터인 교사의 협업으로 이루어지는 미래의 교육은 아직 그 결과를 예측할 수 없다. 그러나 확실한 것은 부모는 여전히 정보를 토대로 한 전략가로서의 역할을 가장 중요하게 담당해야 한다는 사실이다. 20년 전과 지금 현재의 내 상담 내용이 단 하나도 변하지 않은 이유는 이 본질에 충실해왔기 때문이다. 전략은 명확한 방향성을 가장 효율적으로 짜기 위한 방법론을 의미한다. 학교, 학원에서 구체적 진로 방향을 제시해준다고 하지만 그렇게 해야 하는 이유와 타당성은 반드시 부모가 알고 있어야 한다. 그래야 중심을 잡을 수 있다. 아이에 대한 가장 핵심적 전략은 반드시 부모로부터 이뤄져야 하고 따라서 아이에 대한 객관적 시선 역시 부모가 가장 확실하게 갖추고 있어야 한다. 그러지 않으면 첫 단추부터 잘못 채우게 된다.

내가 컨설팅을 했던 한 아이의 경우 성적이 항상 상위권인데도 불구하고 늘 기가 죽어 있는 아이가 있었다. 깊이 상담을 해보니 주위에 잘하는 아이들이 많고 엄마의 기대치가 높아 늘 '나는 잘 못한다'는

훌륭한 전략가인 부모 밑에서 훌륭한 자녀가 양육된다.

생각에 젖어 있었던 것이다. 이런 경우는 의외로 많다. 초등학생일 때는 머리가 좋은 아이들이 공부를 잘하지만 중학교를 넘어서면 부모로부터 충분한 인정과 지지를 받은 자기효능감이 높은 아이들이 공부를 잘한다. 성취감과 단단한 정서적 바탕이 함께 가야만 학습능력도 향상된다.

공부 전략이란 바로 그런 것이다. 과거나 현재나 미래나 교육의 흐름이 아무리 바뀌어도 변함없는 교육의 본질을 잊지 않는 것. 공부를 매우 잘하는 최상위권 아이들은 입시가 어떤 식으로 바뀌어도 아무 상관이 없다. 그들은 이미 높은 자기효능감을 바탕으로 흔들리지 않는 멘탈을 만들어두었기 때문이다. 코로나 시대가 닥쳐도 이미 독서를 통해 기초학습능력을 탄탄히 다지고, 운동을 통해 사회성, 자신감, 에너지 충전 방법을 갖춘 아이들은 단단한 멘탈을 바탕으로 절대 흔들리지 않고 자신의 페이스를 유지한다.

이러한 멘탈을 만드는 모든 교육의 첫 출발은 가정에서부터 시작된다. 아이의 멘탈을 잡아주고 작은 성취로부터 자기효능감을 쌓도록 도와주는 것은 가정에서 가장 먼저 협력자 역할을 해야 하는 부모의 몫이다. 이 부분을 '어떻게 해줄 것인가'에 대한 전략을 짜는, 전략가로서의 부모. 교육이 어떤 방향으로 흘러도 '나는 할 수 있다.'고 자신감 있게 말하고 처음엔 더디더라도 결국 뒷심을 발휘해 자신의 꿈을 이룰 수 있는 힘을 키워주는 부모. 그것이 바로 미래에도 변치 않을 부모의 역할이다.

비대면 교육 시대를 맞이한 학부모의 이야기 1 -------

언택트와 콘택트가 공존하는 미래교육

–상산고등학교 학부모 김효진

우리는 여태껏 살아보지 못했던 세상을 경험하고 있습니다.

'코로나19'라는 공식 명칭을 부여받은 바이러스가 전 세계로 확산된 지 벌써 8개월을 향해 갑니다. 지난해 말 시작된 바이러스는 지구촌이라는 말이 무색하지 않게 불과 3개월이 채 안 되어 모든 대륙으로 확산되었고, 현재까지 약 2,900만 명이 코로나에 감염, 약 92만 명이 이로 인해 생명을 잃었습니다.

처음 바이러스가 대대적으로 확산되던 지난 2월, 세계는 나라 간의 국경을 차단하기 시작했고, 100여 개에 이르는 나라들이 사회적 거리두기와 봉쇄 정책을 통해 외출과 집합을 최소화시키기 시작했습니다. 하지만 이는 경제에 엄청난 부담으로 작용했고 사회적 거리두기는 여러 산업 분야에 타격을 주었습니다. 이는 다시 전체 경제를 둔화시키고 소비를 감소시켰으며 좋은 복지제도를 갖춘 서구의 여러 나라들도 어려움을 피할 수 없게 되었습니다.

이러한 변화는 나라와 지역사회, 학교, 그리고 각 가정과 개인에까지 많은 변화를 가져다주었습니다. 우리는 개인위생에 더욱 철저하게 신경을 쓰게 되었고, 디지털 경제의 수요가 급격히 늘어나게 되었습니다. 또 유통은 더욱 빠른 속도로 오프라인에서 온라인으로 재편되어가고 있습니다. 모든 업무는 비대면으로 이루어지고 다중 이용 집합 시설들은 문을 굳게 닫았습니다. 카페나 식당은 저녁 9시 이후로 문을 여는 곳이 줄었고, 배달음식을 실은 오토바이와 택배 차량을 거리 곳곳에서 보게 되었습니다. 작은 변화로 시작된 일들이 이제는 우리의 일상을 통째로 바꿔버릴 정도로 큰 변화로 이어지고 있습니다.

그중에서도 교육의 변화는 많은 학생과 학부모 그리고 선생님들에게 혼란과 불안을 야기시켰습니다.

학생들은 학교에 가지 못하고 온라인 수업을 들으며 선생님과의 교감도 친구들과의 교감도 할 수 없게 되었습니다. 격주로 혹은 격일로 수업을 나가는 상황도 언제 바뀔지 모르는 불안감을 늘 안고 있어야만 합니다. 올해 첫 입학을 맞은 아이들은 학교라는 곳이 어떤 곳인지 충분히 경험해볼 기회를 잃은 셈입니다. 학교도 교사도 처음 맞이하는 상황에 모두 적응해가는 중인 것입니다.

우리는 전통적으로 아이를 양육하고 교육할 때 '아이와 눈을 맞추고 이야기해라.' '마음을 읽어주어라.' '서로 교감해라' 등의 'Contact'를 잊지 말아야 할 중요한 지침 중 하나로 생각해왔습니다. 학교에 가지 못하게 되면서 가장 안타까운 점은 바로 교육에 있어서 필요한 Contact의 절대적 시간이 부재하게 되었다는 점입니다. 예기치 못한 팬데믹이란 상황을 마주하면서 아이들은 학습 시간, 여가 시간, 친구나 선생님과의 커뮤니케이션 등 모든 부분에서 Un-Contact를 경험하고 있습니다. 친구들과 함께 뛰어놀며 나누던 교감, 선생님으로부터만 받을 수 있는 중요한 교육들은 매우 조심스러운 상황 속에서 이루어지고 있습니다. 이 상황에서 당혹스럽고 불안한 마음은 교육과 관련된 모든 사람이 똑같이 느끼고 있을 것입니다.

특히 가족들은 훨씬 긴 시간을 한 공간에서 함께 보내게 되면서 여러 장단점들이 부각되고 있습니다. 사회적 분위기와 코로나19가 미친 실질적인 영향 때문에 스트레스가 가중된 가족 구성원들이 한 공간 속에 오래 있게 되면서 서로 부딪히는 현상은 여러 뉴스를 통해서 불미스럽게 접하게 됩니다. 아이든 어른이든 자신만의 시간과 공간이 사라지게 되면서 따르는 여러 부작용들도 생겨났습니다.

대부분의 아이들은 학업의 무거운 스트레스에도 불구하고 나름대로 지키던 생활의 규칙이 있었습니다. 스트레스를 풀던 자신만의 방법이나 또래들과의 교감을 통해 이루어지던 해소 방법들이 모두 불가능하게 되면서, 아이들이 받는 스트레스는 고스란히 부모의 몫이 되어버렸습니다. 부모는 자신의 시간을 더욱 갖게 되지 못하고 생업에 대한 고충과 함께 아이들의 스트레스까지 받아야 하는 상황이 되었습니다. 그것을 오롯이 감당하지 못하는 부모의 스트레스가 아이들에게 되돌아가면서, 가정 안에서는 크고 작은 마찰들이 생기기 시작했습니다.

물론 긍정적인 영향도 있습니다. 이러한 불편한 시간들이 지속되면서 약간의 변화가 일어난 것입니다. 에전에는 아빠보다는 엄마가 양육에 있어 더 많은 시간과 에너지를 쏟아왔습니다. 그러나 한 공간에서 긴 시간을 함께 보내면서 자연스럽게 교육, 양육이라는 범주 안에 아빠가 개입을 하게 된 것입니다. 아빠는 그동안 제대로 관찰하지 못하고 이해할 겨를도 없었던 아이의 모습을 좀 더 가까이에서 자주 보게 되었습니다. 몰랐던 부분을 발견하고 개입하면서 마찰이 생기다가 대화로 이어지고, 서로를 이해하고 인정하는 단계를 지나면서 자연스러운 교감을 하게 된 경우도 많이 있습니다. 언택트와 콘택트가 함께 빚어낸 아이러니한 시너지라고 할 수도 있을 듯합니다.

가정에서 이러한 변화가 일어나고 있다면 학교에서는 어떤 변화가 일어나고 있을까요. 아이들은 현재 줌 실시간 수업과 온라인 수업을 통해 선생님과 만나고 화면 안의 친구들을 만납니다. 아직까지는 대면 교육이 비대면 교육보다 효과적이라는 생각에는 변함이 없습니다. 교사와 학생들의 정서적 교감, 학생과 학생 간의 정서적 교감, 그리고 가정으로 돌아와 부모와의 정서적 교감… 그것 모두가 대면일 때 가장 효과적이라는 생각에도 변함이 없습니다.

그러나 지금의 아이들은 그야말로 태어나면서부터 우리 세대에는 지니지 못했던 디지털 편향적인 유전자를 지닌 건 확실한 것 같습니다. 이 디지털 교육의 현실을 훨씬 덜 부담스럽게, 또는 덜 쇼킹하게 받아들인다는 것입니다. 잘 준비되지 못한 상태에서 사회도 학업 현장도 디지털 교육이 필요한 상황을 마주하게 되어 당혹스러웠지만,

대안이 없는 그러한 환경을 접하고 보다 효과적인 방법을 고민하는 동시에 경험을 해내는 과정에서도 아이들은 상대적으로 그 환경을 더 잘 받아들인 것 같습니다. 꼭 대면이 좋다 비대면이 좋다를 논하기 전에 '비대면 디지털 교육'이라는 것은 적어도 광범위한 범주에서 충분히 의미 있는 또는 발전 가능한 '교육 방법' 중에 하나의 옵션이 될 수 있다는 데 부모로서 동의하게 된 것이지요. 포털검색보다는 유튜브 영상물을 통해 더 많은 지식을 습득하는 우리 아이들의 현재 모습에서, 어쩌면 온라인의 플랫폼을 통한 교육은 이제 자연스럽게 받아들여야만 하는 당연한 교육의 현실이 아닐까 생각하게 됩니다. 다만 그 교육의 미래가 긍정적인 것이 되려면 반드시 학습의 효과 부분이 입증되어야 하고, 학습 콘텐츠 자체가 '아이들이 얼마나 관심 있게 들여다볼 만한 모습으로 만들어진 콘텐츠인가.'에 대한 부분이 신중하게 고민되어야 할 것입니다.

어쩔 수 없이 받아들여야 하는 교육의 현실 속에서 이러한 질문들을 던져보게 됩니다.

인터넷 환경은 얼마나 안정적인가?
빈부격차에 따른 교육의 격차는 어떻게 줄일 수 있는가?
부모의 도움 없이 온라인 수업을 받을 수 있는 안정된 환경인가?
얼마나 자기 시간을 잘 활용할 준비가 되어 있는 아이인가?
온라인 게임이나 다른 유혹과 학업의 시간을 분리할 줄 아는 참을

성을 아이들에게 어떻게 길러줄 수 있을 것인가?

　이것은 우리가 앞으로도 지속적으로 풀어나가야 할 과제일 것입니다.

　사실 테크놀로지의 발전으로 의미를 전달하고, 자료를 공유하고, 심지어는 실시간 쌍방향 커뮤니케이션이 가능하다는 사실은 아이들의 물리적인 이동시간(학교나 학원에 오고 가는)을 절약하고 주위를 산만하게 하는 다른 여러 유해 환경으로부터 아이를 보호할 수 있다는 장점이 있습니다. 더불어 '온라인 교육'이 대면 수업보다 나은 이유들을 제공할 수 있을 것입니다.

　4차 산업혁명 시대와 직면하여 낯설지만 진보, 발전하는 경험을 하고 있는 지금. 교사는 온라인 수업의 새로운 표준을 제시하고, 아이들은 학습의 주체가 되어 책임감을 기를 수 있게 되고, 가정에서 학습하는 시간 동안 학부모는 대화와 이해를 통해 정서적 안정을 줄 수 있게 된다면, 앞으로의 미래 교육에 큰 기대를 걸어볼 수 있지 않을까 하는 긍정적인 생각을 해봅니다.

　변화는 항상 두려움과 함께 성장의 동력으로 다가옵니다. 중요한 것은 우리에게 닥친 이 커다란 변화 속에 어떤 교훈을 얻어야 할까, 하는 것입니다. 앞에서 말했듯 Contact의 의미가 과거와는 사뭇 달라지고 있는 지금 Contact와 Un-Contact가 함께 빚어낼 수 있는 긍정적 시너지에 집중한다면 좀 더 나은 교육의 미래를 기대해볼 수 있지 않을까 생각해봅니다.

비대면 교육 시대를 맞이한 학부모의 이야기 2 -------

온라인 수업 시대, 내 아이는 혼자 공부할 수 있을까?

– 인천경연중학교 학부모 김선아

　설렘과 기대감 속에서 중학교 입학을 앞두고 있던 지난봄, 개학은 한 주 두 주씩 계속 미뤄지고 기대에 부풀었던 아이는 집에 하루 종일 머무르며 등교할 날만 기다리고 있었습니다. 그러던 어느 틈에 입학과 개학은 온라인으로 시작되었고 선생님과 학교의 만남, 그리고 모든 수업이 컴퓨터 앞에서 이루어지고 있는 것을 보며 새롭고 참신하기도 하면서 한편으로는 '과연 학습이 가능할까' '내 아이는 혼자 공부할 수 있을까?' 하는 의문이 생겼습니다.

　선생님과 학생 모두 온라인 수업이 처음이었기 때문에 우왕좌왕하던 때가 있었습니다. 하지만 그런 걱정도 잠시 학교에 빨리 가서 수업 듣고 싶다던 아이가 차츰 온라인 수업에 익숙해졌는지 과제도 척척 제출하고 학습지도 바로 출력하여 문제풀이를 하는 동시에 오프라인상으로는 담임선생님과 전화 통화로 지속적으로 교류를 하고 있습니다. 반장선거, 동아리 인터뷰, 수업에 대한 질의응답 등 모든 것이 온라인을 통해 가능해지며, 시간의 여유가 더 생기면서 차분히 학습계획을 세운 후 예습복습을 위한 시간을 더 할애하기 시작했습니다. 가장 눈에 띄게 달라진 점은, 선생님에게 의존도가 높았던 수업에서 학생 주도적인 학습으로 바뀌고 있다는 것입니다.

• 온라인 수업의 긍정적인 면

기존 수업의 틀을 깨고 온라인으로 수업이 이루어지면서 다양한 수업 모델들이 나오고 수업의 흐름이 유연해진 것을 볼 수 있습니다. 온라인 수업을 통해 느꼈던 가장 긍정적인 면은 자기주도학습의 힘이 길러진다는 것입니다. 온라인 수업은 학생 스스로가 집중하지 않으면 불가능합니다. 따라서 수업을 '듣는다'기보다는 수업에 '참여한다'는 마인드를 갖게 됩니다. 또한 이해하기 어려웠던 부분을 다시 한번 더 듣고 정리할 수 있는 자기 정리 시간까지 가져볼 수 있습니다. 그리고 등하교 시간이 없어지면서 공부하는 시간을 여유롭게 확보할 수 있을 뿐만 아니라 독서 시간 역시 상대적으로 늘어났다는 점이 학부모 입장에서는 제일 반가운 모습입니다.

학교에서는 지속적으로 조회와 종례를 포함한 아이들과의 쌍방향 수업을 위해 노력하고 있으며 온라인 수업의 질을 강화하면서 아이들의 학습 참여도를 높이고 소통을 강조하는 방향으로 발전하고 있습니다.

• 온라인 수업의 부정적인 면

물론 온라인 수업 초기에는 하루아침에 바뀐 공교육 시스템으로 현장에 계신 선생님들과 가정에서 아이를 돌보는 학부모들 역시 혼란스러운 건 사실이었습니다. 함께 어울리고 대화를 나눌 또래 친구 대신 집에서 엄마와 지내려니 마찰이 생기기 일쑤고 자세가 흐트러져 온라인 등교임에도 불구하고 지각할 뻔하기도 했습니다. 평일에 챙겨주지 않던 점심식사도 신경 쓰며 아이가 학습하는 모습이 눈에 보이니 참견하는 일이 잦아지면서 갈등이 생기기도 했습니다. 하루하루 지날수록 학교에 가서 맘껏 뛰놀고 공부했던 그때가 그리워지며 학교의 고마움을 새삼 느끼게 되었습니다.

온라인 수업이 계속되면서 느꼈던 가장 안타까운 점은 학교에서 친구들이 공부하는 모습을 보면서 관찰을 통해 모방도 해보고, 또 시행착오를 통해 자기만의 공부 방식을 만들어가는 자기화 과정도 필요한데 그 부분이 부족할 수 있겠단 생각이 들었습니다. 또한 학습적으로 자기주도학습의 습관이 잡히지 않은 경우, 실행력이 떨어져 수업과 과제를 미루는 상황이 반복될 수 있을 것 같습니다.

• 교육 변화: 학부모와 자녀의 역할

모든 일을 비대면으로 해야 하는 요즘, 아이가 가장 많이 대면하고 부딪쳐야 하는 사람은 부모일 것입니다. 가정에서 자녀의 느슨한 태도를 보면서 부모는 야단을 치고 잔소리가 늘어갑니다. 화를 내지 말아야지, 하고 마음을 다잡아도 아이에게 부정적인 말과 행동을 내비치게 되고, 결국 부모는 미안한 감정이 커지고 아이는 상처 받고 자존감이 떨어지는 악순환이 펼쳐집니다. 이것은 결코 바람직하지 않으며 아이의 학습에도 도움이 되지 않는다는 것을 부모들도 알고 있습니다.

그렇다면 어떻게 해야 할까요? 먼저 부모는 긍정적인 시각으로 아이를 바라봐주고, 내 아이가 잘하고 있는 부분을 응원하고 격려하는 역할을 1순위로 삼아야 할 것입니다. 아이의 감정을 인정해주고 이해해주는 부모의 태도에서부터 아이의 학습 자존감이 형성되기 때문입니다. 부모의 관심과 지지를 받은 아이는 혼자서도 공부하는 방법을 조금씩 터득해가며 자기주도학습의 힘을 키워나가게 됩니다. 이제는 학원에서조차도 온라인 수업을 진행하는 시대가 되었습니다. 자기주도학습을 몸에 익혀 효율적으로 시간을 잘 관리하면서 공부하는 학생들이 학습과 자기관리, 이 두 가지를 모두 성취해내며 성공할 것은 분명한 사실입니다.

앞으로 온라인 수업과 오프라인 개학이 반복적으로 이루어지는 상황에서 학부모도 미래교육 변화에 적응하고 책임감을 갖도록 노력해야 합니다. 옆에서 모든 것을 계획하고 지도해주는 부모가 아닌, 아이의 성향과 능력, 적성을 잘 파악해서 효율적인 학습 환경을 만들어주고 지원해주는 따뜻한 코치이자 조력자가 되어야 합니다. 그런 마음으로 저는 오늘도 내 아이가 온라인 수업 상황에서도 공부를 통해 성취감을 얻을 수 있도록, 나아가 인성을 성장시키고 성공적인 사회생활을 할 수 있도록 최선의 부모 역할을 다하고자 노력합니다. 그리고 우리 아이들이 꿈을 이루기 위한 목표가 있는 공부를 통해 스스로 공부의 주인이 되어 '세상을 살아가는 힘'을 얻고 '행복한 삶'을 살아가길 진심으로 바랍니다.

참고

1   "당신의 꿈을 펼칠 4차 산업혁명 혁신선도대학 알려드림!", 〈대한민국 정책 브리핑〉, 2020.06.03.

2   "고교학점제", 〈대한민국 정책브리핑〉 2020.03.15.

3   한국교육개발원, "고교학점제 소개", 〈미래를 여는 선택 고교학점제〉

4   노은희 외, "Ⅱ.고교학점제 도입에 따른 고등학교 교과 이수 기준 설정 방안 탐색", 〈KICE 연구리포트 2019〉

5   이명애 · 김성혜 · 김영은, "고교학점제에서의 학생평가에 대한 국외 사례 연구", 〈교육과정평가연구 제23권 제2호 (2020)〉

6   "대입개편과 대학입시제도 변천사", 올림피아드교육, 네이버 블로그 (https://m.blog.naver.com/PostView.nhn?blogId=olympiad_offic ial&logNo=221320677964&proxyReferer=https:%2F%2Fwww. google.com%2F), 2018.07.17

7   "2021~2024학년도 입시제도의 변화", 비전에듀플렌, 네이버 블로 그(https://m.blog.naver.com/visioneduplan/221817377155), 2020.02.20.

8   "학교도 권력 창출 공간…동영상 수업은 지식 전달 기능만", 〈중앙선데이〉, 2020.06.13.

9   "전 세계 학교는 휴업중…원격수업, 대안되나?", 〈한국대학신문〉, 2020.02.17.

10   "Will the Coronavirus Forever Alter the College Experience?", 〈The New York Times〉, 2020.04.23.

11   "코로나가 만든 新 교실 풍경…개학한 해외 학교 보니", 〈KBS뉴스〉, 2020.05.13.

12 한국교육과정평가원, "국외 COVID-19 대응 학교 교육 대처 방안 사례", 2020.04.08.

13 "초등학교 1학년부터 정보통신 가르친다… AI 교육도 강화", 〈한국경제〉, 2020.05.26.

14 대한민국 기획재정부, "교실로 찾아온 과학 에듀테크(Edutech)", 네이버 포스트(https://m.post.naver.com/viewer/postView.nhn?volumeNo=26975702&memberNo=2627616&vType=VERTICAL), 2019.11.29.

15 "교육혁명을 이끌고 있는 에듀테크(Edu-Tech)란?", 〈로그인플러스 공식 블로그-로그인을 안전하게!〉, 네이버 블로그(https://m.blog.naver.com/loginplus365/221952087233), 2020.05.09.

16 마이클 혼·헤더 스테이커 공저, 《블렌디드》, 장혁·백영경 공역, 에듀니티, 2017.

17 "'4년간 고전 200권 읽고 토론' 세인트존스칼리지의 교육법", 〈중앙일보〉, 2018.11.22.

18 "〔이주호의 퍼스텍티브〕 미래 먹거리로 부상한 AI 교육혁명 불 지펴야", 〈중앙일보〉, 2020.05.25.

19 "〔파워인터뷰〕 이주호 아시아교육협회 이사장 'AI기반 HTHT 모델 구축으로 낙오자 없는 맞춤교육 실현'", 〈한국대학신문〉, 2020.06.02.

20 국가교육회의·한국교원단체총연합회·전국교직원노동조합·전국시도교육감협의회, "코로나로 미리 온 미래교육과 학교의 역할", 〈교육 4개 단체 공동포럼 자료집〉, 2020.04.28.

21 대통령직속 국가교육회의, "'코로나 이후 학습자 중심 교육을 위한 학교의 역할 변화: 교육과정·교원양성 체제 방향을 중심으로' 사회적 협의 추진", 〈대통령직속 국가교육회의 보도자료〉, 2020.07.30.

한 권의 책이 나오는 것은 아이를 잉태하고 세상에 태어나게 하는 것과 같다고 비유한다. 10개월 혹은 그 이상의 물리적 시간이 투여되기도 할뿐더러 그 전후에 쏟는 노력 또한 아이를 기다리는 산모의 마음과 다르지 않기 때문이다.

이 책은 유독 많은 사람들의 도움을 받았다. 기획부터 집필, 마무리까지 함께해준 모든 연구원들과 교육 관련 협력자들, 그리고 기꺼이 집필에 동참해주신 학부모들과 출판사 관계자들께 감사한 마음을 전한다.

책을 집필하는 과정은 나에게 또 다른 자기계발과 성장의 시간이다. 이 책을 읽는 많은 독자들이 그런 나의 성장과 동행해준다는 사실만으로도 가슴 벅차다. 책에 대한 긍정적 피드백과 단 한 사람의 변화를 보는 것만으로도, 교육업을 선택한 것에 대해 후회하지 않게 한다. 나는 여전히 서투르지만 성장에 대한 갈망은 나를 더욱 성장하게 할 것이다.

2021년은 올 한 해 불어 닥친 커다란 변화가 가져다준 것을 성장 동력으로 좀 더 쭉쭉 멋지게 뻗어나가는 한 해가 되길, 기도해본다.

“변화의 본질을 꿰뚫고
역할변화에 민감하게 대응하라!”

트렌드 에듀케이션

펴낸날　초판 1쇄 2020년 11월 26일

지은이　박인연
펴낸이　정현미
펴낸곳　원너스미디어
출판등록　2015년 10월 6일 제406-251002015000190호
(07788) 서울 강서구 마곡중앙로 161-8, 두산더랜드파크 B동 1104호
전화 02)6365-2001　　팩스 02)6499-2040
onenessmedia@naver.com

ISBN 979-11-87509-51-6 (03370)

이 도서의 국립중앙도서관 출판시도서목록(CIP)은 서지정보유통지원
시스템 홈페이지(http://seoji.nl.go.kr)와 국가자료공동목록시스템
(http://www.nl.go.kr/kolisnet)에서 이용하실 수 있습니다.
(CIP제어번호: CIP2020047873)

- 책값은 뒤표지에 표시되어 있습니다.
- 잘못된 책은 구입하신 서점에서 교환해 드립니다.

책임편집　서지영

세상 모든 콘텐츠를 위한 하나의 콘텐츠.
원너스미디어에서 당신의 특별한 이야기를 기다립니다.
onenessmedia@naver.com